农村家庭相对贫困动态性研究

人力资本与社会资本的视角

苏剑峰　著

黄河出版传媒集团

宁夏人民出版社

图书在版编目（CIP）数据

农村家庭相对贫困动态性研究：人力资本与社会资
本的视角 / 苏剑峰著. -- 银川：宁夏人民出版社，
2024. 12. -- ISBN 978-7-227-08074-9

Ⅰ. F323. 8

中国国家版本馆 CIP 数据核字第 2024G3X387 号

农村家庭相对贫困动态性研究：人力资本与社会资本的视角 　　　　苏剑峰著

责任编辑　杨海军

责任校对　陈　晶

封面设计　钟晓图

责任印制　侯　俊

 黄河出版传媒集团 出版发行
宁夏人民出版社

出 版 人　薛文斌

地　　址　宁夏银川市北京东路 139 号出版大厦（750001）

网　　址　http://www.yrpubm.com

网上书店　http://www.hh-book.com

电子信箱　nxrmcbs@126.com

邮购电话　0951-5052104　5052106

经　　销　全国新华书店

印刷装订　三河市嵩川印刷有限公司

印刷委托书号（宁）0031258

开　　本　700 mm×1000 mm　1/16

印　　张　11.5

字　　数　200 千字

版　　次　2024 年 12 月第 1 版

印　　次　2025 年 1 月第 1 次印刷

书　　号　ISBN 978-7-227-08074-9

定　　价　68.00 元

前　言

消除贫困，改善民生，逐步实现共同富裕，是社会主义的本质要求，也是中国共产党的重要使命。党和政府一直将消除贫困作为工作的重中之重。改革开放以来，我国有计划有组织地开展扶贫工作，农村贫困人口持续减少。2020年底，我国实现了消除绝对贫困的目标，但是并不意味着扶贫工作的结束，而是面临新的挑战——相对贫困人群将成为贫困主体。考虑到致贫原因的多元性及复杂性，农村家庭返贫风险依然存在。2022年中央一号文件指出，坚决守住不发生规模性返贫底线。"十四五"时期，我们必须继续巩固脱贫攻坚成果。在严峻的外部环境下，增强农村家庭的自我发展能力有助于降低其在未来陷入相对贫困的风险。

在此背景下，本书以我国农村家庭相对贫困动态性为切入点，探索人力资本、社会资本与我国农村家庭相对贫困动态性的理论关联，并利用微观数据进行实证检验，深化了关于农村贫困问题的讨论，并有助于激发如何缓解我国相对贫困的进　步思考。我国正处于全面建设社会主义现代化国家，由全面小康迈向共同富裕的阶段。防止农村家庭在未来陷入相对贫困，对于推进乡村振兴和共同富裕，有着重要的理论意义与现实意义。

本书以我国农村家庭相对贫困动态性为研究对象，按照"提出问题—理论分析—现状特征—实证分析—结论建议"的逻辑思路，基于我国农村家庭实际情况展开研究。主要内容包括：使用中国家庭追踪调查（CFPS）数据分析我国农村家庭相对贫困动态特征以及区域差异，分析人力资本和社会资本对农村家庭相对贫困动态性的影响及作用机制。全书共分8章：第1章主要介绍本书的研究背景、研究意义、研究思路、研究方法以及研究创新点。第2章对贫困动态性、人力资本、社会资本等相关理论，以及国内外的相关文献进行了梳理分析。第3章对人力资本、社会资本对农村家庭相对贫困动态性的影响进行了理论分析，并提出了研究假设。第4章运用生存分析法观察农村家庭的贫困和非贫困持续时间，并对我国农村家庭相对贫困动态性现状、影响因素及特征进行了分析。第5章运用面板双向固定效应模型和面板分位数模型，实证分析了人力资本对农村家庭相对贫困脆弱性的影响，并进行了异质性检验、内生性讨论和稳健性检验。第6章运用最小二乘模型实证分析了社会资本对农村家庭相对贫困脆弱性的影响，并进行了异质性检验、内生性讨论和稳健性检验。第7章运用双向固定效应模型实证检验了人力资本通过社会资本和收入影响农村家庭相对贫困脆弱性的作用机制，以及运用 Bootstrap 中介效应模型实证检验了社会资本与劳动力迁移影响我国农村家庭相对贫困脆弱性的传导机制，并进行了稳健性检验。第8章在理论分析与实证检验的基础上凝练总结本书的研究结论，并提出解决我国农村家庭相对贫困问题的相关政策建议。

通过以上研究，本书得出的主要结论有：①我国大部分处于相对贫困的农村家庭在下一观察期内将脱离相对贫困。大部分非贫困农村家庭在下一观察期内仍处于非贫困状态。农村家庭脱离相对贫困风险大于陷入相对贫困风险。大多数贫困农村家庭在经历短期贫困后能快速地脱离贫困。农村家庭贫困持续时间越长，其脱离贫困的概率越小；农村家庭非贫困持续时间越长，其进入贫困的概率越小。②人力资本和社会资本能显著降低农村家庭未来陷入相对贫困的概率。人力资本和社会资本对农村家庭相对贫困脆弱性的影响存在异质性。人力资本和社会资本对东部地区农村家庭相对贫困脆弱性影响最大，中部地区次之，西部地区最小。人力资本和社会资本对非贫困农村家庭相对贫困脆弱性的负向影响均大于贫困农村家庭。③人力资本能够通过积累社会资本和增加收入降低农村家庭未来陷入相对贫困的可能性。社会资本对农村家庭相对贫困脆弱性的影响存在传导机制。劳动力迁移在社会资本及其维度（包括社会网络、社会信任和社会地位）影响农村家庭相对贫困脆弱性的过程中均存在部分中介效应。

本书的贡献主要在于：①尝试性地引入生存分析模型，用以反映我国农村家庭相对贫困的动态特征。本书在对我国农村家庭相对贫困状态的动态变化研究和评估中引入了时间维度，在一个较长的调查期里，观察我国农村家庭相对贫困状态的变动趋势。本书不仅关注农村家庭在两个相邻时期的相对贫困状态转换情况，而且关注影响贫困状态转换的相关因素。②探索性地以相对贫困动态性为切入视角，将人力资本、社会资本与贫困动态性理论统一纳入理论分析框架，实证检验了人力资本和社会资本对农村家庭相对贫困动态性的影响。之前研究多集中于物质资本、人力资本、社会资本对绝对贫困的实证探讨，然而绝对贫困在我国已经被消除，相对贫困成为贫困主体，并且在当前环境下我国农村家庭返贫风险依然很高。鉴于此，本书聚焦于人力资本和社会资本影响农村家庭相对贫困动态性的作用机理，并实证检验了人力资本和社会资本对农村家庭相对贫困动态性的影响效应。结合已有研究，采用熵值法分别对人力资本指标和社会资本指标进行整合。这一量化方法不仅弥补了人力资本指标和社会资本指标度量单一的缺陷，也体现了中国国情下农村家庭的人力资本特征和社会资本特征，有助于丰富人力资本和社会资本的研究边界与研究范畴。③拓展性地分析了人力资本和社会资本影响农村家庭相对贫困脆弱性的作用机制，为防止农村家庭未来陷入相对贫困提供了科学的路径选择。本书还运用双向固定效应模型实证检验了人力资本通过社会资本和收入影响农村家庭相对贫困脆弱性的作用机制，运用 Bootstrap 测度了劳动力迁移在社会资本影响农村家庭相对贫困脆弱性过程中的中介效应，为有针对性地制定扶贫政策提供了有益补充。

目　录

第1章 绪 论

1.1 研究背景和研究意义

1.1.1 研究背景

人类福祉的一个基本方面是获得基本生活必需品，而贫困是人类对食物、衣服和住所等基本需求严重缺乏的状况。随着经济社会的不断发展，贫困问题作为制约国家发展的重要因素受到世界各国重视。为了解决贫困这一重大社会问题，2015 年世界各国在联合国可持续发展峰会上对 2030 年可持续发展议程达成共识。其中，议程中达成的 17 项可持续发展目标的首要任务就是消除贫困。中国作为世界上最大的发展中国家，面临着贫困地区面积广、农村贫困人口多、贫困程度深等一系列与贫困有关的问题。消除贫困，改善民生，逐步实现共同富裕，是社会主义的本质要求，也是中国共产党的重要使命。党和政府一直将消除贫困作为工作的重中之重。改革开放以来，我国开始有计划有组织地开展扶贫工作，农村贫困人口持续减少。目前，中国的扶贫事业已经取得了举世瞩目的成就。在过去的 40 多年里，中国贫困人口在 1979—1984 年和 1995—1997 年这两个时间段大幅减少。1979—1984 年，农业生产的去集体化和家庭联产承包责任制的实行提高了农业生产效率，农村贫困人口大幅减少。1995 年农村贫困人口再次大幅减少。1997 年农产品采购价格大幅上涨推动了农民收入的增长，农村贫困人口大幅减少。此后，我国农村减贫速度开始放缓，大部分剩余贫困人口生活在偏远地区，这些地区中部分农村家庭长期处于贫困状态，还有相当多的农村家庭处于陷入贫困和摆脱贫困的高流动性状态之中。改革开放 40 多年来，我国共有 7.4 亿人口摆脱贫困，占世界总脱贫人数的 70% 以上。国家统计局数据显示，改革开放以来，我国贫困发生率和贫困人口数量均呈逐年递减趋势，农村贫困人口数量的大幅下降与经济增长、国家政策、基础设施建设等密切相关。

党的十九大报告指出，新时代我国社会主要矛盾已经转化为人民日益增长的美好生活需要和不平衡不充分的发展之间的矛盾。发展不平衡不充分主要体现在城乡及地区间的发展水平、居民收入、福利水平等存在较大差距。当以基本需求短缺为特征的绝对贫困消除之后，随着城乡差距的居高不下，以及农村居民内部收入差距不断扩大，无论是纵向上的居民收入差距拉大，还是横向上的国际比较，我国居民收入差距都处于较高水平。此时，以发展差距为特征的相对贫困问题凸显出来。党的十九届四中全会提出"坚决打赢脱贫攻坚战，巩固脱贫攻坚成果，建立解决相对贫困的长效机制"。2020 年 12 月中央经济工作会议指出：巩固拓展脱贫攻坚成果，坚决防止发生规模性返贫现象。2022 年中央一号文件指出，推动脱贫地区更多依靠发展来巩固拓展脱贫攻坚成果，确保不发生规模性返贫。

2021 年 2 月 25 日，习近平总书记在全国脱贫攻坚表彰大会上宣布："我国脱贫攻坚战取得了全面胜利……区域性整体贫困得到解决，完成了消除绝对贫困的艰巨任务，创造了又一个彪炳史册的人间奇迹！"中国成为最早实现联合国千年发展目标中减贫目标的发展中国家。虽然绝对贫困已经消除，但并不意味着扶贫工作就此终结。由于贫困的相对性质，农村贫困问题还会继续存在。后扶贫时代，中国扶贫工作面临新的挑战——相对贫困人群将成为贫困主体，且治理难度更大。

首先是贫困人口与参与性市场主体之间的矛盾。我国农村人口教育水平不高，所处地区发展空间不足或者被边缘化，贫困户容易滋生出"等靠要"思想，表现在生活中就是懒惰，没有干劲，消极被动，容易安于现状。政府部门的扶贫政策对这一部分人群实施效果不佳，这部分人群已经成为脱贫攻坚的"钉子户"，也是未来潜在的高风险返贫人群。贫困人口内生动力缺失是 2020 年以后相对贫困治理的难点。

其次是扶贫载体与竞争性外部环境的矛盾。扶贫载体是基于政府和社会力量成长起来的扶贫产业。因为扶贫载体始终依靠外界扶贫力量，因此其与外部市场存在以下矛盾：扶贫载体在现实社会中以项目方式运作，在实施过程中以"短平快"结果为导向；只重视结果，不重视农村家庭后期成长能力的提升，忽视对农村家庭自力更生能力的培育；对贫困户缺乏科学、合理、持续的指导；有些地方干部对市场情况判断不足，浪费了部分扶贫资源。

再次是农村家庭面临多元化困境与提升自身可持续生计能力的矛盾。虽然我国已经消除了绝对贫困，但是考虑到农村家庭致贫原因的多样性及复杂性，农村家庭返贫风险依然存在。第一，贫困家庭收入结构失衡。当前贫困家庭收入主要靠工资和转移支付等外源性收入，而经营利润和资产性收益等内源性收入相对较低。这种收入结构抵御风险能力较弱。部分贫困群体虽然已经脱贫，但其自身脱贫能力偏弱，极有可能再次陷入贫困。第二，农村家庭增收压力较大。农民选择在家务农获得的收入不高，而选择进城务工因受制于户籍或教育水平，普遍只能在低技术含量的相关行业求职，因此收入增长空间有限，且收入水平容易受到经济周期和市场景气程度的影响。第三，农村居民就业压力增大。技术进步对贫困人群具有挤出效应。在科技迅猛发展的大环境下，人工智能开始替代人力，新产业模式对人力资本提出了更高要求，需要劳动者要不断提升自我能力。此时，贫困人群成为潜在的被替代对象，面临更大的就业压力。

1.1.2　研究意义

1.1.2.1　理论意义

以往研究更多地集中在绝对贫困问题上。随着 2020 年底中国宣布消除绝对贫困，学者们的研究重心开始转移到相对贫困问题上。学者对绝对贫困问题的研究能否套用到相对贫困问题上尚未可知。另外，学者们参照生计资本理论对贫困进行研究，较少关注到人力资本和社会资本之间的相互联系，以及二者对农村家庭相对贫困动态性的影响。因此，本书研究的理论意义在于：

（1）有助于揭示我国农村家庭相对贫困的发展规律。贫困并不是一种静止不变的状态,而是随着时间不断地变动。即使是已脱离贫困的农村家庭,也可能在下一年重新返贫,因此在某个时点上观测到的农村家庭贫困状态仅仅是贫困状态变化后的静态结果。分析我国农村家庭相对贫困动态特征以及区域差异,能深化对相对贫困的认知,进而揭示农村家庭相对贫困动态变化规律。

(2)有助于深入揭示人力资本、社会资本对我国农村家庭相对贫困动态性的作用机制。将人力资本、社会资本与贫困动态性理论统一纳入理论分析框架,实证检验人力资本和社会资本对农村家庭相对贫困脆弱性的影响效应,不仅有助于深入揭示人力资本、社会资本对我国农村家庭相对贫困动态性的作用机制,而且有助于丰富人力资本和社会资本的研究边界与研究范畴。

1.1.2.2 现实意义

改革开放以来,我国开始实行大规模的脱贫攻坚行动,也制定了许多相关政策。这些政策的实施使得中国在2020年底消除了绝对贫困。目前我国农村家庭存在收入不高、脱贫质量不高、脱贫基础不稳固等问题,部分家庭仍存在返贫风险。2020年消除绝对贫困后,我国脱贫攻坚战的重心将转向相对贫困。目前,以经济增长、政府帮扶之类,靠外界环境帮扶贫困群体的手段已经难以取得理想的结果。后扶贫时代,相对贫困问题将在我国长期存在。这些变化意味着我国的反贫困工作在新时期会面临新的挑战,需要思考新的反贫困方法,以实现帮助贫困群体长期发展的目标。本书从贫困动态性理论、人力资本、社会资本入手,深入探讨我国农村家庭相对贫困动态特征以及人力资本、社会资本对农村家庭相对贫困动态性的作用,为治理相对贫困、逐步推进共同富裕提供了理论依据和实证检验。

(1)准确把握人力资本、社会资本与农村家庭相对贫困动态性的关系,有助于激发农村居民脱贫的内生动力。在新型城镇化建设和城乡融合的大背景下,农村家庭劳动力迁移能够在制定相关扶持政策的基础上形成外部多元扶贫与内部自我脱贫的互动机制,农村家庭在非农部门不仅能获得更多的收入,而且能增强抵御风险的能力,最终提高脱贫攻坚成效。

(2)准确把握人力资本、社会资本与农村家庭相对贫困动态性的关系,有助于支持农村家庭人员就业和鼓励农村家庭创业，帮助拓宽农村家庭增收渠道，达到激活农村家庭内生动力、助力农村家庭持久脱贫、减小农村家庭未来发生贫困的概率。同时，农村家庭劳动力迁移到非农部门等，能够带动经济增长，带动农村地区发展，助力乡村全面振兴。

（3）有助于制定具有动态瞄准功能的反贫困政策。2020 年我国消除绝对贫困之后，相对贫困问题开始凸显。本书从动态研究的视角关注农村相对贫困问题，可为政府相关部门制定政策提供理论依据和现实依据。

1.2　研究内容

本书主要就人力资本和社会资本对农村家庭相对贫困动态性的影响进行实证研究。全书共分 8 章，具体内容及结构安排如下：

第 1 章绪论。首先介绍研究背景、研究意义，接着说明全书的研究内容和研究框架，最后指明本书所采用的研究方法以及研究的创新点。

第 2 章相关理论与文献评述。阐述全书研究所依据的相关理论，包括动态贫困理论、人力资本理论、社会资本理论等。同时定义了相关概念，例如相对贫困、人力资本、社会资本等。最后梳理了与全书研究相关的国内外文献。

第 3 章人力资本、社会资本对农村家庭相对贫困动态性影响的理论分析。本章对人力资本、社会资本对农村家庭相对贫困动态性的影响作了理论分析并提出研究假设。

第 4 章农村家庭相对贫困动态特征。本章主要研究我国农村家庭相对贫困动态特征，即在相对贫困线标准下农村家庭处于贫困或非贫困状态，以及脱离贫困或陷入贫困的动态转换过程。基于中国家庭追踪调查（CFPS）数据，首先运用贫困转移矩阵展示了农村家庭相对贫困的动态变化过程，其次采用生存分析方法研究农村家庭贫困和非贫困状态的生存概率，最后分析了在农村家庭贫困状态转变发生之前，初始状态期限对这种转变的影响。

第 5 章人力资本对农村家庭相对贫困动态性影响。基于 CFPS 数据，首先采用三阶段最小二乘法测算农村家庭相对贫困脆弱性;接着从教育、健康、工作经验和劳动力迁移四个维度合成人力资本指数,研究人力资本及其各维度对农村家庭贫困脆弱性的影响;最后作了异质性分析、内生性讨论以及稳健性检验。

第6章社会资本对农村家庭相对贫困动态性影响。基于 CFPS 数据,首先采用三阶段最小二乘法测算农村家庭相对贫困脆弱性;接着从社会网络、社会地位和社会信任三个维度合成社会资本指数,考察了社会资本及其各维度对农村家庭相对贫困脆弱性的影响;最后作了异质性分析、内生性讨论以及稳健性检验。

第7章人力资本、社会资本对农村家庭相对贫困动态性影响作用机制。基于 CFPS 数据,首先运用面板双向固定效应模型实证检验了人力资本通过社会资本和收入影响农村家庭相对贫困脆弱性的作用机制,随后运用 Bootstrap 中介效应模型对社会资本和劳动力迁移影响农村家庭相对贫困脆弱性的传导机制作了实证检验。

第8章结论与政策建议。首先总结全书的研究结论,随后根据结论有针对性地提出解决我国农村家庭相对贫困问题的政策建议。

1.3   研究方法

在梳理国内外文献的基础上,本书采用理论分析与实证检验相结合、定性分析与定量分析相结合的方法,探讨资源禀赋与我国农村家庭相对贫困动态性间的关联机理。采用的研究方法如下。

1.3.1   文献分析法

本书对国内外相关文献作了收集和整理,梳理出有关相对贫困、贫困动态性、生计资本等的文献,然后对已有研究进展和不足之处进行归纳总结,寻找本书研究的创新点。同时,该方法也为后续的实证检验提供了重要的理论支持和研究基础。

1.3.2　实证分析法

全书采用生存分析法分析了我国农村家庭相对贫困动态特征，然后在贫困动态性理论的总体框架中，系统探究人力资本、社会资本对农村家庭相对贫困动态性影响。依据 CFPS 数据以及预期贫困脆弱性（Vulnerability as Expected Poverty，VEP）定义，采用广义三阶段最小二乘法计算农村家庭相对贫困脆弱性。接着，采用面板双向固定效应模型、面板分位数模型和最小二乘模型以及工具变量（Ⅳ）法实证检验了人力资本和社会资本对农村家庭相对贫困脆弱性的影响。最后，实证检验了人力资本和社会资本对农村家庭相对贫困动态性的影响机制。

1.3.3　比较分析法

全书在多个章节运用比较分析法，对我国农村家庭相对贫困动态性作了全面的描绘和分析。在现状分析部分，对不同地域农村家庭相对贫困状态的动态变化特征作了横向比较和纵向比较，明确了不同地域的变动趋势和差异。在实证分析部分，考虑到不同地域、不同贫困状态下人力资本和社会资本对农村家庭相对贫困动态性可能产生的不同影响，将我国划分为三大区域，将贫困状态划分为贫困和非贫困分别进行分析，同时比较人力资本和社会资本对不同区域和不同贫困状态下的农村家庭相对贫困动态性影响差异。

1.3.4　反事实分析

任何家庭都不可能在同一时间具有相同的社会资本水平，因此一般的回归方法难以对同一家庭在不同社会资本下的相对贫困脆弱性作出准确比较，而倾向得分匹配法能够较好地解决这一问题。由于社会资本系数是一个连续变量，因此全书把样本划分为高社会资本农村家庭（试验组）和低社会资本农村家庭（控制组），通过匹配再抽样的方法在试验组和控制组中找到尽可能相似的样本。该方法能减少观测数据的偏差，尽可能地接近随机试验数据，进行估计时能更加接近自然试验，并可以得出无误且有效的估计结果。

1.4 研究的创新点

全书在分析、梳理已有研究成果的基础上，在后扶贫时代我国重点治理相对贫困和推进共同富裕的背景下，深入探究了资源禀赋对农村家庭相对贫困动态性的影响效果，丰富了已有的研究成果，主要创新之处在于：

（1）尝试性地引入生存分析模型，用以反映我国农村家庭相对贫困的动态特征。本书在对我国农村家庭动态贫困的研究和评估中引入了时间维度，在一个较长的调查期内，观察了我国农村家庭相对贫困状态的变动趋势。不仅关注了农村家庭在两个相邻时期间的相对贫困状态转换情况，而且关注了影响贫困状态转换的有关因素。利用生存分析法，以农村家庭相对贫困状态为生命历程，关注了2010—2018 年期间相对贫困状态转变之前，农村家庭所经历的贫困或者非贫困状态的持续时间，以及这种持续时间对贫困状态转换的影响。

（2）探索性地以相对贫困动态性为视角，将人力资本、社会资本与贫困动态性理论统一纳入理论分析框架，实证检验了人力资本和社会资本对农村家庭相对贫困动态性的影响。现有研究多集中于物质资本、人力资本、社会资本对清除绝对贫困的实证探讨，然而随着绝对贫困已经消除，相对贫困正成为贫困问题关注的主体，并且在当前环境下我国农村家庭返贫风险依然很高。鉴于此，全书聚焦于人力资本和社会资本对农村家庭相对贫困动态性影响的作用机制，并从实证上检验了人力资本和社会资本对农村家庭相对贫困动态性的影响效应。结合已有研究，采用熵值法分别对人力资本指标和社会资本指标进行整合。这一量化方法不仅弥补了人力资本指标和社会资本指标度量单一的缺陷，还体现了我国国情下农村家庭的人力资本特征和社会资本特征，有助于丰富对二者的研究边界与研究范畴。

（3）拓展性地分析了人力资本和社会资本影响农村家庭相对贫困动态性的作用机制，为解决农村家庭相对贫困问题提供了科学的路径选择。全书分析了人力资本和社会资本影响农村家庭相对贫困动态性的作用机制，还运用双向固定效应模型实证检验了人力资本通过社会资本和收入影响农村家庭相对贫困动态性的作用机制，并运用 Bootstrap 测度了劳动力迁移在社会资本影响农村家庭相对贫困动态性过程中的中介效应，为有针对性地制定脱贫政策作了有益补充。

第2章 相关理论与文献评述

2.1 概念界定

2.1.1 绝对贫困

人类对贫困最早的认识和研究是建立在绝对贫困的基本思想上的，即人们认为贫困是一种物质缺乏的生活状态。对贫困问题最早开展研究的是英国社会学家 Charles Booth，他于 1889 年在伦敦开展贫困调查。Rowntree 于 1901 年开展贫困调查，并在其著作《贫困——对城市生活的研究》中率先使用"菜篮子"方法制定贫困线，即一篮子维持个体身体机能最低标准所需的生活必需品的价格加总。若家庭全部收入不能负担该价格加总，则该家庭被认为处于贫困状态。Rowntree 认为是否满足家庭最基本的生活需求是判定贫困的关键。Rowntree 考虑从衣食住三个方面分析家庭的基本需求，同时在食物方面参考营养学理论制定满足个体基本能量摄入的食物组合。此思想深深地影响了后来的学者。在贫困问题研究早期，个体基本需求仅包括衣食住三方面；在贫困问题研究后期，学者们认为个体需求还包括其他需求，如社交需求、教育需求等。

国内学者普遍认为，绝对贫困是在一定的社会环境和生存方式下，个人或家庭依靠劳动所得和其他合法收入不能维持其基本生存需求的状况。对绝对贫困的认定一般采用客观维持个体基本生存所需要的物质必需品（如食品、衣服、住房等）的标准来衡量。在生产方面，绝对贫困表现为个人或者家庭缺乏生产要素，难以进行再生产。

对绝对贫困线的测量方法起源于 Rowntree 提出的"菜篮子"方法。世界银行制定的国际贫困线标准是世界上最贫困国家的代表性贫困线标准。1990 年，世界银行首次提出 1 美元/天的贫困线标准，此后每隔一段时间都会根据全球价格变动调整贫困线标准。世界银行贫困线标准分别在 2008 年、2015 年和 2022 年进行了调整。2008 年调整为人均 1.25 美元/天［2005 年购买力平价（Purchasing Power Parity，PPP）］，2015 年调整为人均 1.9 美元/天（2011 年 PPP），2022 年调整为人均 2.15 美元（2017 年 PPP）。世界银行划定贫困线的作用在于方便进行跨国比较。我国也根据自身国情划定了适合我国国情的贫困线标准。国家统计局 1978 年划定的贫困线是人均 100 元/年，2008 年划定的贫困线是人均 1067 元/年，2011 年划定的贫困线是人均 2300 元/年（2010 年不变价）。

2.1.2　相对贫困

随着全球经济的发展，有部分国家已经消除了绝对贫困。有学者基于比较的视角，认为在物质生活条件上低于他人的状态即为相对贫困。相对贫困最先由 Peter Townsend 提出，是指与选定的参照标准相比较的贫困状态。例如，个体与所处环境的周围人群相比，若其在收入、文化、教育等各方面居于劣势，则可以认定该个体是贫穷的。相反，若其在收入、文化、教育等各方面占优势，则可以认定该个体不是贫穷的。此外，相对贫困线也是最重要的客观贫困线标准之一，被发达国家广泛使用。与绝对贫困线相比，相对贫困线避开了绝对贫困线中的基本需求概念，将关注重点放在了平等的收入分配上面。相对贫困主要关注那些有一些钱，但仍然没有足够的钱支付基本生活需求之外的任何东西的人。按照惯例，它有助于显示相对落后的人口比例。

相对贫困有以下特点：

（1）长期性。相对贫困以收入中位数或者平均数的某个比例作为衡量标准。

（2）主观性。相对贫困依赖于研究人员对不同国家或者地区的主观判断，是一种主观感受。

（3）相对性。相对贫困的思想是以他人作为参照物进行比较。相对贫困的客观性表现在多个方面，如主客观相对性、时空相对性、流动性与不稳定性。

（4）动态性。相对贫困的衡量标准随着经济发展、社会环境和居民收入水平的变化而变化。

（5）不平等性。相对贫困概念中既包含了不平等含义，也展现了同一社会经济环境下不同社会成员之间的分配关系。

（6）多维性。相对贫困测定标准不仅包括物质标准还包括精神标准等。

国内学者对相对贫困的早期研究主要聚焦于相对贫困的基本状况。王祖祥、秦建军、陈宗胜等研究发现，我国农村的相对贫困发生率呈增加态势，相对贫困状况日趋恶化。近期研究主要从贫困性质变化（相对贫困成为贫困主体）和减贫战略调整（从"扶贫"转化为"防贫"）两个角度进行探讨。

划定相对贫困线是开展扶贫工作的重要前提，但目前还没有统一的衡量标准。Townsend 认为，相对贫困可以通过观测一个人或者家庭的收入是否低于社会平均水平进行判定。若个体或者家庭的收入低于社会平均水平，则个体或者家庭被认为处于相对贫困状态。

国外学者对相对贫困提出了两种测算标准：把收入中位数或者平均收入的一个比例作为衡量相对贫困的标准。如把居民人均收入平均值的50%或者居民平均收入中位数的60%划为相对贫困线，但学术界对这两种划分标准一直有争议。Preston、Madden 认为采用收入中位数进行衡量不易受到高收入人群收入份额变动的影响，较收入平均数标准更为稳健。Niesen 指出，当国家收入分配均匀时，上述两种方法的测量结果可能并不完全相同。收入分配越不平等，采用中位数标准衡量的问题越大。Niesen 倾向于收入平均数标准。Ravallion 认为用这两种标准衡量，结果没有较大区别，都存在一定的弊端。表 2-1 是笔者汇总的国内外研究中提出的衡量相对贫困的标准。

表 2-1　国内外相对贫困研究提出的标准

作者	相对贫困标准
王祖祥（2006）	绝对贫困线与恩格尔系数相结合
李永友（2007）　秦建军（2013）	社会平均收入水平的60%

续表

作者	相对贫困标准
程永宏（2013）	农村人均收入的 50%
叶兴庆（2019）	农村居民人均可支配收入中位数的 40%
汪晨（2020）	全国收入中位数的 40% 或 50%
孙久文（2019）　沈扬扬（2020）	以城镇和农村居民人均可支配收入中位数的 40% 作为城镇与农村的相对贫困标准
Whelan（2003）	欧洲 11 国均一化家庭收入中位数的 50%、60% 或 70%
Fouarge（2005）	欧洲 11 国均一化家庭人均收入中位数的 60%
解垩（2020）　高齐圣（2022）	均一化家庭人均收入中位数的 40%
王小林（2020）　汪三贵（2021）	多维相对贫困标准
World Bank（2018）	人均可支配收入中位数的 50% 或 60%
马瑜（2022）	分别计算城镇和农村弱相对贫困线

目前很多发达国家已经在本国范围内实行相对贫困标准。欧盟于 2004 年采用"相对贫困"概念。当个体所持有的收入和资源无法维持其基本的生活水平时，则被认为处于贫困状态。欧盟把人均可支配收入中位数的 60% 作为相对贫困标准，以收入中位数的 40% 和 50% 作为辅助标准进行参考。英国最先衡量相对贫困，确定的相对贫困线为上一年家庭可支配收入中位数的 60%。日本根据本国消费实况调查，将全国家庭按照人口规模和人均年收入分成十等份组。第一组为低收入家庭。同时将全国家庭按照人口规模和人均年收入分成五等份组，其中第三组为中等收入家庭。经济合作与发展组织（OECD）以社会收入中位数或平均数的 50% 作为相对贫困线。此标准线被广泛应用。

虽然我国并没有从全国层面推行相对贫困线，但已有部分省份开始进行相关探索。

（1）浙江省实施的相对贫困标准。从 2012 年起，浙江省将省内的扶贫标准提高至 4600 元/年（2010 年不变价）。从数额上看，它是国家贫困线 2300 元/年

（2010 年不变价）的 2 倍；从占比上看，浙江省 2012 年出台的扶贫标准占到 2010 年浙江省农民人均纯收入的 40.7%，较国家贫困线占 2010 年全国农民人均纯收入比重高 1.8 个百分点（2300/5919 = 38.9%）。

（2）江苏省实施的相对贫困标准。2016 年，江苏省划定新的贫困线为年人均纯收入 6000 元，主要扶贫目标是占全省乡村人口 6% 左右的低收入群体、经济薄弱村，以及苏北贫困片区和革命老区等，总共涉及 300 万低收入人口。江苏省制定新贫困线标准主要基于以下几点：①中央明确地方可以当地农民人均纯收入的 30%~50% 自主划定地方贫困线，因此，江苏省以 2020 年全省实现全面小康水平所需的人均年收入 20000 元的 30%（即 6000 元）作为新的贫困线。②江苏省需要根据自身经济发展水平和物价水平划定一个高于全国贫困线的地方贫困线。③新标准既要体现江苏省不断增长的发展水平和人民需求，又要符合实际情况。若采用 6000 元的新贫困线，江苏省农村贫困人口总数为 300 万，占全省农村人口的 6%。

（3）广东省实施的相对贫困标准。广东省以 2012 年全省农民人均纯收入 10000 元的 33%（即 3300 元）作为广东省贫困线。同时，广东省还在省内划定了相对贫困区域。2012—2015 年广东省把农民人均纯收入低于 2012 年全省农民人均纯收入 75% 的县划定为相对贫困县，把低于 2012 年全省农民人均纯收入 60% 的村划定为相对贫困村。2016 年广东省再次调整贫困线，提升至 4000 元/年（2014 年不变价）。2019 年广东省划定有劳动能力的农村家庭贫困线为 8266 元/年，没有劳动能力的农村家庭贫困线为 5808 元/年。

2.2　理论基础

2.2.1　贫困动态性

贫困动态性包含两方面内容：一是分析农村家庭在一定时期内的贫困状态变化，观察农村家庭是陷入长期性贫困（结构性贫困）还是暂时性贫困（随机性贫困）；二是评估农村家庭在未来陷入贫困的概率，即贫困脆弱性。事实上，关于这两方面的研究是统一的，对贫困脆弱性的研究是长期贫困和暂时贫困研究的进一步发展，可作为对农村家庭未来贫困状态的预测性指标。

2.2.1.1 贫困的动态变化以及持续程度

从以往经验来看，对贫困的认识往往是某一时点家庭收入低于贫困线时即认为其处于贫困状态。这是从静态角度以当年的数据认知贫困，只能分析家庭当时的贫困信息。然而，贫困实际上会随着时间的推移动态变化，因此，在研究贫困问题时需要考虑时间维度，此时对贫困问题的理解将会上升到一个新的台阶。贫困动态性概念由此衍生出来，贫困动态性也成为研究贫困问题的新热点。为了便于比较，文中依然把收入作为衡量农村家庭福利水平的指标，采用相对贫困线作为判定家庭贫困与否的标准。

贫困动态性强调贫困状态随着时间的推移运动和变化。事实上，贫困动态性还有着隐藏含义：一定是有某些因素导致家庭贫困状态的变化。贫困动态性主要关注两个方面的问题。

（1）贫困状态的转换过程。全书以两个时间周期举例，说明家庭贫困动态的转换过程包含脱离贫困、陷入贫困和持续贫困三类。脱离贫困是指家庭在 t 时期处于贫困状态，在 $t+1$ 时期处于非贫困状态。家庭收入水平从贫困线以下跃升至贫困线以上。陷入贫困是指家庭在 t 时期处于非贫困状态，在 $t+1$ 时期处于贫困状态。家庭收入水平从贫困线以上跌落至贫困线以下。持续贫困是指家庭在 t 时期和 $t+1$ 时期都处于贫困状态，即家庭收入水平一直处于贫困线以下。以此类推，上述两期贫困状态的转换过程可以扩展至三期乃至更多期。

（2）对家庭在一定时期所处的贫困状态进行分类。英国长期贫困研究中心（Chronic Poverty Research Center，CPRC）界定了贫困的 5 种类型。①始终贫困。在研究周期内，家庭人均收入在每个时期都低于划定的贫困线标准。②经常贫困。在研究周期内，家庭人均收入在大部分时期都低于划定的贫困线标准，只在少数时期高于贫困线标准。③波动贫困。在研究周期内，家庭人均收入在划定的贫困线标准上频繁波动。④偶尔贫困。在研究周期内，家庭人均收入在大部分时期都高于划定的贫困线标准，只在少数时期低于贫困线标准。⑤从不贫困。在研究周期内，家庭人均收入在每个时期都高于划定的贫困线标准。

与此同时，CPRC还将第一种类型和第二种类型归纳为长期贫困（Chronic Poor），将第三种类型和第四种类型归纳为暂时贫困（Transient Poor），将第五种类型归纳为从不贫困（Never Poor）。若第三种类型波动时间过长的话，暂时贫困容易变成长期贫困。

（1）长期贫困

长期贫困指在观察周期内，家庭或个体一直处于贫困状态的时间大于等于5年。CPRC认为长期贫困会代际传递，且联合国将长期贫困群体视为重点关注人群。联合国认为长期贫困如同癌症一样持续存在并反复发作。由于长期贫困家庭很难从国家提出的传统发展政策中受益，因而会直接影响到国家消灭绝对贫困这一目标的实现。长期贫困还容易造成家庭陷入极端贫困状态。

（2）暂时贫困

在观察周期内，家庭或个体在部分时间处于贫困状态，即福利水平在贫困线附近上下波动。波动形式并不是千篇一律的。例如甲家庭人均收入一直处在贫困线边缘，可能当年高于贫困线，第二年低于贫困线，第三年又高于贫困线。乙家庭人均收入可能在上一期高于贫困线，然而在遭受了一些突发性的外部冲击（如疾病、失业等）后在下一期迅速陷入贫困状态。丙家庭人均收入可能在前期低于贫困线，但在后期却超过了贫困线。综上，暂时贫困是在观察周期内，家庭处于贫困状态的时间大于1年且小于观察周期。

（3）从不贫困

在观察周期内，家庭从不贫困。家庭或个体享受的福利水平（如教育、医疗、住房等）均处于贫困线之上。个体成员的可行能力也从未被剥夺。

2.2.1.2 贫困脆弱性

目前，学术界对贫困脆弱性的概念表述分为以下几类。

（1）风险暴露脆弱性

风险暴露脆弱性（Vulnerability as Uninsured Exposure to Risk，VER）是通过

家庭收入或者消费变化变动性测量农村家庭的贫困脆弱性的方法。该方法主要评估风险冲击造成的事后福利损失。风险冲击导致的收入变化越大，家庭消费对收入风险的脆弱性越高。VER 方法的使用前提是风险冲击和家庭抵御风险能力决定该家庭的贫困脆弱性，而家庭抵御风险能力的强弱由一些家庭特征变量和外在社区环境变量决定。具体见公式（2-1）：

$$\Delta \ln c_{itv} = \sum_i \alpha_i S_{tv} + \sum_i \beta_i S_{tv} + \sum_{tv} \chi_i D_{tv} + \delta X_{itv} + \Delta \varepsilon_{itv} \qquad (2-1)$$

公式中 $\Delta \ln c_{itv}$ 为第 i 个家庭两期消费的变化率，S_{tv} 为第 i 个家庭遭受的特殊风险冲击。D_{tv} 为一组第 i 个家庭所在社区的特征变量。X_{itv} 为一组第 i 个家庭自身的特征变量，$\Delta \varepsilon_{itv}$ 是指扰动项的变化。此时可以发现，α，β，χ，δ 是相对应的估计参数。由于风险变量不好衡量，因此学者们在实际操作中的惯用方法是用家庭所处村庄平均收入的变化率变量 $(\overline{\Delta \ln y_{tv}})$ 代替总的风险变量，并且用农村家庭收入变化率变量 $\Delta \ln y_{itv}$ 代替家庭遭受的特殊风险冲击。此时，公式（2-1）可以变形为：

$$\Delta \ln c_{itv} = \alpha_1 + \beta_1 \Delta \ln y_{itv} + \chi_1 \overline{\Delta \ln y_{tv}} + \delta X_{itv} + \Delta \varepsilon_{itv} \qquad (2-2)$$

在公式（2-2）中，β_1 是核心解释变量风险冲击的估计参数，可以通过回归结果中 β_1 的大小来判定农村家庭的风险暴露脆弱性情况：（1）当 $\beta_1 = 0$ 时，可以判定农村家庭的消费变动和收入变动不相关，即完全风险分担情形；（2）当 β_1 的值越大，说明该家庭的消费水平对收入风险的脆弱性更高。

（2）低期望效用脆弱性

低期望效用脆弱性（Vulnerability as Low Expected Utility，VEU）侧重于对风险因素的考察，对数据时间跨度和频率要求较高。VEU 是在期望效用理论基础上，采用贫困线效用和与未来消费的期望效用之差来测度贫困脆弱性。当期望效用小于贫困线效用时，可以认定农村家庭贫困是脆弱的。VEU 计算方法可见公式（2-3）：

$$V_i = U_i(Z_{ce}) - EU_i(C_i) \qquad (2-3)$$

在公式（2-3）中，$U_i(Z_{ce})$ 为家庭处于贫困线时消费所产生的效用水平。$EU_i(C_i)$ 表示家庭 i 所期望的消费产生的效用水平。家庭的效用脆弱性可以分解

成贫困和风险两个部分, 此时公式 (2-3) 可变形为以下形式:

$$V_i = [U_i(Z_{ce}) - U_i(Ec_i)] + [U_i(Ec_i) - EU_i(C_i)] \qquad (2\text{-}4)$$

其中, 公式 (2-4) 中前半部分 $U_i(Z_{ce}) - U_i(Ec_i)$ 表示家庭 i 在贫困线上消费所产生的效用水平与期望消费所产生的效用水平之差, 即第 i 个家庭的贫困部分。后半部分 $U_i(Ec_i) - EU_i(C_i)$ 则表示消费期望所产生的效用水平与消费效用水平之差, 即家庭面临的风险, 并且该风险是多样化的。为便于观察, 学者们对家庭贫困脆弱性的影响区分风险, 此时可将公式 (2-4) 继续分解成如下形式:

$$V_i = [U_i(Z_{ce}) - U_i(Ec_i)] + \{U_i(Ec_i) - EU_i[E(c_i|x_t)]\} + \{EU_i[E(c_i|x_t)] - EU_i[E(c_i|x_t, x_{it})]\} + \{EU_i[E(c_i|x_t, x_{it})] - EU_i c_{it}\}$$

$$(2\text{-}5)$$

其中, $U_i(Z_{ce}) - U_i(Ec_i)$ 为贫困, $U_i(Ec_i) - EU_i[E(c_i|x_t)]$ 为家庭 i 面临的总风险, $EU_i[E(c_i|x_t)] - EU_i[E(c_i|x_t, x_{it})]$ 可表示为家庭 i 所面临的异质性风险, $EU_i[E(c_i|x_t, x_{it})] - EU_i c_{it}$ 可看作未解释的家庭所面临的风险和相应的误差。公式 (2-5) 的效用函数为 $U(c) = \dfrac{c^{1-r}}{1-r}$, 其中 r 为农村家庭对风险的敏感程度, $r > 1$。Ligon 设定 $r = 2$。假设农村家庭消费服从对数正态分布, 消费的条件期望函数为:

$$E(c_{it}|x_t, x_{it}) = \alpha_i + \eta_i + x_{it}\beta \qquad (2\text{-}6)$$

其中, α_i 为随着时间变化个人对消费的不同反应, η_i 为时间对个体消费的共性的作用, x_{it} 是一组家庭特征变量向量。由此得出的系数估计模型如下所示:

$$\ln c_{it} = \alpha_i + \eta_t + x_{it}\beta + \varepsilon_{it} \qquad (2\text{-}7)$$

在公式 (2-7) 中, ε_{it} 为扰动项。

(3) 预期贫困脆弱性

预期贫困脆弱性 (Vulnerability as Expected Poverty, VEP) 是指农村家庭预期未来收入低于设定的贫困线的概率。该方法认为, 家庭贫困脆弱性取决于家庭未来收入的分布特征, 其福利期望与波动水平均由家庭特征变量决定。一般认为高收入群体的收入特征符合帕累托 (Pareto) 分布, 而低收入群体对数收入特征符合正态分布，因此在计算过程中收入作自然对数处理。全书采用 Ameniya 提出的广义三阶段最小二乘法（Three – stage Feasible Generalized Least Squares，3FGLS）计算农村家庭相对贫困脆弱性，以回归后的残差平方作为收入波动的衡量指标，继续进行 OLS 估计。

综上，VER、VEU 和 VEP 三种关于贫困脆弱性的定义均可以识别家庭的贫困脆弱性，评估家庭抗击遭受风险的能力。在了解家庭应对风险能力的基础上，这有助于学者帮助家庭采取干预措施并规避陷入贫困的可能性。但是上述三个定义之间也有差别。VER 和 VEU 定义都可以归为事后测度，即从事后发生的角度测算家庭的贫困脆弱性。其中，VEU 定义涉及家庭效用，而效用函数的设定并没有统一的标准，因此 VEU 定义较为随意，普适性不强。而 VEP 可以归为事前测度，即从事前发生的角度测算家庭的贫困脆弱性。采用 VEP 定义可以对家庭的贫困脆弱性进行预测，有助于家庭根据预测结果采取相应的措施。因此，相对于前两者，VEP 定义有着显著优势。全书采用 VEP 定义计算农村家庭的相对贫困脆弱性。

2.2.2　可持续生计资本

可持续生计（Sustainable Livelihood）框架研究源于生计和消除贫困的需要。这一概念最先由世界环境与发展委员会（World Commission on Environment and Development，WCED）于 1987 年提出。此后，联合国开发计划署（United Nations Development Programme，UNDP）将可持续生计概念引入议程。UNDP 认为可持续生计能够帮助个体进行整体发展，UNDP 还试图通过探讨穷人所拥有的资本对可持续生计进行重新定义。关怀国际（Care International，CARE）认为可持续生计的核心是分析框架，并形成了以农村家庭为中心的分析框架。CARE 认为农村家庭生计系统由经济活动、自身能力以及自身资产（有形、无形的资产）组成。CARE 在可持续分析的基础上提出农村家庭发展干预的三个层次：生计供给（Livelihood Provision）、生计保护（Livelihood Protection）和生计促进（Livelihood Promotion）。CARE 的框架直接以农村家庭为目标群体，比 UNDP 的框架更具体，可操作性更强。

英国国际发展部（UK Department for International Development，DFID）又拓展了可持续生计概念，提出的可持续生计框架使用更为广泛。DFID 认为穷人或者贫困家庭的行为选择是基于对资源禀赋的认识。可持续生计被定义为一种可更好地掌握生计复杂性、理解生计策略对贫困的影响，以及识别采取何种干预措施的方法。DFID 认为可持续生计框架分为 5 个部分：人力资本、社会资本、金融资本、物质资本和自然资本。人力资本是个体或者家庭教育、健康及技能等的状况，社会资本是指个体或者家庭追求生计目标时进行生产或消费所使用的各种社会资源，金融资本是指个体或者家庭追求生计目标时进行生产或消费所需要的资金，自然资本是指自然资源存量，物质资本是指个体或者家庭追求生计目标时进行生产或消费所使用的基础设施和生产资源。其中，自然资本和物质资本是基础，金融资本能够转化为其他 4 种资本，人力资本是其他 4 种资本能否合理运用的前提，社会资本是另外 4 种资本运用效果的外在推动力。家庭的生计资本水平高低是由生计策略，即家庭的生产发展方向决定的，并且家庭的生计资本水平会随着家庭所处阶段的变化而变化。

图 2-1 展示了生计资本与贫困脆弱性的关系。在 DFID 的生计资本框架下，家庭为满足自身的生计目标需要一定的生计资本。一个家庭或者个体是否拥有选择的机会、采用何种风险战略取决于其资产状况，同时家庭或者个体资产状况也是农村扶贫以及项目发展需要着重考虑的对象。

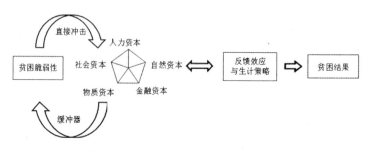

图 2-1　生计资本与贫困脆弱性的关系

UNDP、CARE 和 DFID 提出的生计资本框架使用较多。表 2-2 给出了

UNDP、CARE 和 DFID 可持续分析框架的主要内容。

表2-2　3 种可持续分析框架

提出组织	内　容
联合国开发计划署（UNDP）	生计背景—资源投入—生计结果
关怀国际（CARE）	生计能力—有形和无形资产—发展干预—生计结果
英国国际发展部（DFID）	脆弱性—生计资本—结果反馈与生计策略选择—生计结果

2.2.3　人力资本理论

1960 年，Theodore W. Schultz 在美国经济学学会上首次提出人力资本概念，随后在著作 *The Economic Value of Education* 中系统地提及人力资本理论。Schultz 认为资本仅指物质资本的概念过于狭窄。人力资本理论的提出为经济理论研究和实践提供了全新的视角和思路。Schultz 明确论述了人力资本的基本概念和性质，形成路径和方式，以及对经济增长的作用。其人力资本理论主要包含以下几点：（1）人力资本是社会经济增长的内生动力。（2）资本分为人力资本和物质资本，且人力资本在经济增长中所起的作用最大，人力资本的投资回报率高于物质资本。Schultz 认为人自身体现出的价值都可视为人力资本，如个体在劳动过程中拥有和使用的各种知识、自身健康素质以及劳动管理技能等等。个体在经济活动中不仅将资源投入到生产中，而且将投入资本用于提升自身的体力、智力等，从而形成更强的生产力。（3）贫困地区反贫困的关键在于投入人力资本而不是投入物质资本。发展中国家的贫困群体大多集中于农村地区，农村反贫困工作的重心应该放在提高贫困人口质量上，通过增加农村地区教育和卫生健康领域的投入以提升个体的人力资本。

此后 Edwards Fulton Denison 通过分析 1909—1957 年人力资本投资对美国经济增长的贡献，发现 1909—1929 年教育投入对美国经济增长的贡献为 12%，1929—1957 年教育投入对美国经济增长的贡献为 23%。Denison 认为人力资本投入能带来更高的经济效益,应该优先投资人力资本而不是物质资本。Schultz 和 Denison 都认为人力资本对经济增长和国民收入增加有着重要的贡献。

Gary S. Becker 继续完善人力资本理论。他从微观经济视角入手,认为人力资本包含知识、技能,个体对人力资本的支出不是一种消费,而是一种投资。个体期望通过对人力资本的投资获得更多的收益,而收益取决于投资额度和现有人力资本的总存量。Becker 还提出用成本—收益法分析人力资本的投入成本和收益,研究个体年龄与收入的关系。

还有学者关注人力资本与收入分配的关系。Jacob Mincer 提出了收入函数,认为劳动者的收入水平与其受教育水平、工作经验相关。个体受教育水平和工作经验的提升不仅有助于提高其收入水平,而且有助于缩小收入差距。Kuznets 认为工资在个体收入中的比重最大,劳动者受教育程度影响其工资收入水平,且教育不平等影响收入不平等。

Robert Solow、Paul Romer 和 Robert Lucas 等继续完善和发展人力资本理论。他们认为:(1) 劳动者工作能力的强弱可体现出自身人力资本水平的高低。(2) 个体通过教育培训、医疗保健、劳动力迁移等途径获得教育、健康等人力资本,而个体为提高自身人力资本水平付出的这一投资行为受到自身对未来预期收益估计的影响。(3) 人力资本对宏观经济增长的影响不可替代,知识的外溢性导致资本收益率在一定时期内递增。因此,人力资本是国家之间拉开经济差距的重要因素。

2.2.4　社会资本理论

1916 年,Lyda J. Hanifan 首次提出了社会资本概念。Hanifan 在 *Annals of the American Academy of Political and Social Science* 期刊上刊登的论文《农村学校社区中心》指出,社会资本是有利于个体和社区发展的资源。同时,Hanifan 认为社会资本与物质资本同等重要,他还把社会群体和社会互助加入社会资本分析框架。虽然 Hanifan1916 年就提出了社会资本概念,但是直到 1961 年 Jane Jacobs 才开始使用社会资本概念来分析问题,这段时间并没有学者讨论社会资本的现代含义。1980 年，Pierre Bourdieu 首次从社会网络的视角阐述了社会资本的现代含义，认为个体拥有的社会资源与社会网络密切相关。Bourdieu 还在其著作 *From rules to strategies*：*An interview with Pierre Bourdieu* 中对社会资本理论作了进一步的系统阐述。与社会资本密切相关的社会网络是一种制度化的关系网络，是社会资本概念的核心。学者们对社会资本内涵的分析逐步精细化，相关研究开始进入高速发展阶段。

学者们从不同视角分析了社会资本的内涵。如社会学家 James Coleman 于 1988 年在其著作 *Social Capital in the Creation of Human Capital* 中指出，社会资本不是单独的某种实体，而是具有各种形式的不同实体。Coleman 也首次将社会资本从以个人为中心转向以社会为中心进行分析。此后，Putnam、Fukuyama 等学者进一步深入研究了社会资本。Ronald Burt 在其著作 *Structural Holes* 中认同 Bourdieu 的观点，Putnam 在 Colman 的研究基础上将公民参与纳入社会资本中，Fukuyama 在 Putnam 的研究基础上将"社会规范"纳入社会资本中。Portes、Lin 和边燕杰都从个人视角分析了社会资本。Portes 认为社会资本是个体嵌入的结果，Lin 着眼于个体期望在市场中得到回报的社会关系投资，边燕杰则从个体视角分析了"强关系"和"弱关系"。

现阶段，社会资本理论不仅被应用于社会学，还被应用于心理学、管理学、经济学等不同学科。学者们对社会资本的研究大致可分为五类，分别是规范论、功能论、网络论、互动论和资源论。规范论学者代表是 Fukuyama，他认为社会资本是能够提升经济发展的文化内涵或者价值理念的。功能论学者代表是 Coleman，他从功能性的视角研究了社会资本。网络论学者代表是 Granovetter 和 Burt，他们都认为社会资本的核心是社会网络。互动论学者代表是 Putman，他认为应该从公民参与的角度研究社会资本。资源论学者代表是 Lin，他从资源视角将社会资本看成资源，期望对其的投入能在市场中得到回报。

2.3 贫困动态性研究评述

2.3.1 基于贫困状态转移变化方法

目前学者们对贫困状态的转移变化进行了深度讨论，有学者研究了绝对贫困状态的转移变化情况。姚嘉分析中国健康与营养调查数据后发现，虽然在1989—2015年我国城乡贫困人口一直大幅下降，然而贫困群体的贫困黏性却存在2000—2010年增加而2010—2015年下降的现象。严小燕认为可以从经济、发展和空间三个角度解释贫困的动态发生机制。蒋南平构建了脱贫与返贫指数，并对指数变动进行了分解，结果表明农村人口脱贫率和返贫率均呈下降趋势。虽然农村贫困状况整体上已经改善，但是脱贫效果仍然受到返贫效果的影响。李博发现2010—2014年我国收入贫困和多维贫困发生率逐年下降。Bigsten发现1994—2004年埃塞俄比亚城市和农村家庭贫困状态频繁变动，并且贫困家庭经历贫困的时间与其脱离贫困的难度成正比，非贫困家庭经历的非贫困时间与其陷入贫困的概率成反比。叶初升研究了我国农村家庭的贫困状态转化情况，结果表明陷入贫困和脱离贫困的过程会以非对称的比例同时存在，且农村家庭脱离贫困的概率明显大于陷入贫困的概率。聂荣支持叶初升的研究结论，认为我国的扶贫成果呈现出越来越好的态势。

Xie发现家庭短期收入波动容易造成相邻两期贫困状态的变化，从而出现陷入贫困和脱离贫困风险率双高的特点。孙晗霖认为政府应该重点关注刚脱贫两年的贫困户，并采取持续追踪和帮扶措施实现可持续性脱贫。王晓兵发现1995—2004年浙江、湖北、云南三省大部分农村家庭只经历过暂时贫困。王朝明发现在经济转型过程中我国城乡贫困状况呈总体上升趋势。罗正文利用5种贫困线衡量陕西农村贫困人口，结果发现1992—2011年陕西农村贫困人口减少，贫困程度加深。汪为发现2006—2010年湖北农村家庭暂时贫困比长期贫困严重。高艳云认为人力资本、人口结构和地区发展差异影响家庭贫困动态性。You发现家庭劳动力素质、劳动力资产情况影响到农户的长期贫困。有学者研究了多维贫困状态的转移变化情况。郑晓冬发现 2002—2014 年城乡老年人口的多维贫困与多维不平等程度均呈下降趋势，并长期趋于收敛。周强发现 2000—2015 年农村家庭多维贫困发生率逐年下降，农村家庭贫困持续时间与其脱贫概率负相关。还有学者研究了我国相对贫困状态的变化情况。陈永伟基于模糊理论并采用非参数结构变化检验方法重新计算不同年份我国农村相对贫困标准并进行比较后发现，虽然我国农村相对贫困线逐年提升，但是农村脱离相对贫困的人口数量也呈逐年上升态势。李实发现 2002—2018 年我国农村地区相对贫困发生率逐渐上升，其中老年人和儿童群体的相对贫困发生率较高。

2.3.2　基于贫困指数分解方法

有学者认为可将贫困进行分解以分析贫困的动态性。Jalan 将贫困分解成长期贫困和短期贫困，其中短期贫困也可称为暂时贫困，但是 Jalan 提出的方法对贫困家庭所经历的贫困时间长度并不敏感。Foster 拓展了 Jalan 的研究，引入贫困持续时间来衡量长期贫困，但此方法不能衡量暂时贫困。章元、Gustaisson 也引入贫困的持续时间来衡量长期贫困和暂时贫困。与 Foster 的方法不同，章元的方法不仅可以衡量长期贫困而且可以衡量暂时贫困。此外，章元的方法克服了 Jalan 的方法对时间长度不敏感的部分问题，发现我国农村人口的长期贫困比重大于暂时贫困。Gustaisson 认为在观察期内，若家庭在所有时间都处于贫困状况，则属于长期贫困；若家庭在部分时间处于贫困状况，则属于暂时贫困。但是，Duclos 认为 Gustaisson 以持续时间的长短定义长期贫困和暂时贫困会产生偏误，此时可采用自助法解决。

虽然这些学者支持将贫困分解成暂时贫困和长期贫困，但他们对二者的占比权重持有不同意见。Jalan 分解了 1985—1990 年广东、广西、云南、贵州四省农村贫困动态状况发现，暂时贫困和长期贫困的比重各占 50%。郭劲光分析了辽宁省重点贫困县的调查数据后也持相同意见，认为辽宁省重点贫困县家庭暂时贫困和长期贫困二者并重，而非偏态分布。岳希明、张立冬、罗楚亮和 Ward 都认为，在我国农村的贫困动态情况中暂时贫困居主体部分，长期贫困占比较少。

还有学者主张将贫困动态分解成更多的效应。洪兴建认为长期贫困效应、脱贫效应和返贫效应影响农村的贫困变动。罗良清认为经济增长效应、不平等效应、人口因素效应影响城市和农村的贫困变动，其中不平等效应是影响贫困变动的主要因素。Padhi 分解了印度的贫困变动情况后也得出与罗良清类似的结论。潘海燕以组内和组间两类情形分析了居民的贫困变动情况。同时，她还比较了城镇样本、农村样本的贫困变动情况，发现农村组内、城镇组内，以及农村与城镇组间的贫困变动趋势基本一致。

也有学者对多维贫困的动态变化进行了分解。张全红对暂时多维贫困指数和长期多维贫困指数进行城乡、指标和区域分解，结果表明在我国多维贫困动态情况中长期贫困占主体，暂时贫困占比较小。罗亚辉也将 2010—2018 年我国农村多维贫困动态变化分解成长期贫困和暂时贫困，发现暂时贫困是农村多维贫困的主体，即同时存在进入和退出多维贫困的现象。龙莹将 1999—2010 年我国农村家庭多维贫困动态变化分解成返贫效应、脱贫效应和长期贫困效应，认为返贫效应大于脱贫效应导致早期我国多维贫困状况恶化，脱贫效应大于返贫效应导致近期我国多维贫困状况改善。

目前，学者的研究重心转向对相对贫困的动态变化进行分解。章贵军对 2010—2018 年城镇居民相对贫困动态情况进行分解后认为，城镇居民以选择性贫困为主，农村居民则是持久性贫困、暂时性贫困和选择性贫困并重。胡联认为增长效应、分配效应和残差效应影响到我国农村相对贫困的动态变化，其中增长效应和分配效应均正向影响农村相对贫困发生率的变动，而残差效应则起到了负向作用，三者的影响效果都呈逐年递减态势。樊增增认为识别效应、增长效应和分配效应影响我国相对贫困的动态情况，其中识别效应对我国相对贫困率的下降起到了主要贡献。Zhang 将 2005—2019 年我国连片特困地区相对贫困发生率的变化情况分解成经济增长、不均等效应和人口变动三部分。Luo 认为经济增加效应和不平等效应影响我国农村贫困的动态变化，其中经济增长效应会降低相对贫困发生率，而不平等效应则会提升相对贫困发生率。斯丽娟认为增长效应、贫困标准效应、分配效应和人口效应影响城乡居民相对贫困指数的变化，其中增长效应促进了城乡相对贫困指数的变动，贫困标准效应抑制了城乡相对贫困指数的变动，分配效应与城乡相对贫困指数的变动方向一致，而人口效应在促进城镇相对贫困指数变动的同时，又抑制了农村相对贫困指数的变动。

2.3.3　基于贫困脆弱性方法

资源匮乏、能力缺失与机会不足共同引发了个体及家庭的贫困脆弱性。贫困脆弱性可以动态地、前瞻地刻画贫困。学者们将贫困脆弱性定义为一个家庭或个人因风险冲击在未来陷入贫困的可能性。一般情况下，个体都是厌恶风险的，并且通过多种方式来降低他们暴露于风险中的可能性。

现有文献有从宏观层面研究政府政策对农村家庭贫困脆弱性的影响。如乔俊峰认为基本公共服务能降低家庭多维贫困的脆弱性，王建英认为参与新农保能显著降低农村低收入家庭的贫困脆弱性，徐婷婷认为参与政策性农业保险能降低农村家庭的贫困脆弱性，郭露认为加入农村合作社能够有效降低农村家庭的相对贫困脆弱性，闫啸发现退出宅基地并增加农村家庭生计资本和改善生计策略可降低贫困脆弱性，赵立娟发现耕地转出行为可降低农村家庭的贫困脆弱性，顾宁发现产业扶贫可显著降低贫困脆弱性且该影响存在异质性，樊丽明认为公共转移支付对农村家庭的贫困脆弱性没有任何影响，张海洋发现数字金融能降低地级市家庭的贫困脆弱性，张栋浩和尹志超都认为金融普惠能显著降低家庭贫困脆弱性，林文认为贸易开放度能降低我国农村家庭的贫困脆弱性。上述研究都证实了国家政策在一定程度上缓解了农村家庭的贫困脆弱性。

还有学者研究了个人或者家庭特征等微观因素对农村家庭贫困脆弱性的影响。英国国际发展部（DFID）认为家庭在面对外部风险冲击时会使用自身拥有的生计资本进行抵御，以免自身在未来陷入贫困。归纳起来包括以下几个方面：（1）研究了人力资本对家庭贫困脆弱性的影响。如彭继权发现非学历教育能显著降低农村家庭的相对贫困脆弱性。肖攀发现增加家庭教育支出能降低农村家庭的贫困脆弱性，且该影响存在区域异质性。左孝凡发现人力资本能在收入差距影响农村居民贫困脆弱性过程中起到中介作用。黄潇认为提升居民健康水平能降低贫困脆弱性。杨龙发现无论是汉族还是少数民族，人力资本水平都能影响到家庭的贫困脆弱性。Gloede发现教育能降低泰国和越南农村家庭的贫困脆弱性。Imai发现教育能降低越南和印度农村的贫困脆弱性。（2）研究了社会资本对家庭贫困脆弱性的影响。针对社会资本对农村家庭贫困脆弱性的影响，学者们得出了不同的结论。一些研究认为社会资本对农村家庭贫困脆弱性有着正向作用。如杨文发现社会资本能通过平滑消费降低家庭的贫困脆弱性，徐伟认为社会网络会减缓农户的健康贫困脆弱性，何军认为社会资本能降低女户主家庭的贫困脆弱性，苏剑峰认为社会网络能够显著降低农村家庭的相对贫困脆弱性，但是涂冰倩认为社会资本并不能缓解由健康冲击导致的农村家庭贫困脆弱性，原因在于医保取代了社会资本的功能。

2.3.4 文献评述

综上所述，国内外有关贫困动态性的研究非常丰富，大多数研究都集中在贫困状态变化、分解以及贫困脆弱性等方面，现有贫困动态性研究理论与方法对全书具有一定的参考价值，但仍有一些内容尚需进一步挖掘。

（1）现有贫困动态性研究主要集中在绝对贫困上。2020年底我国消除绝对贫困后，政府的脱贫工作重心也从消除绝对贫困转移到治理相对贫困上，研究视角逐渐从绝对贫困转移到相对贫困。2022年中央政府一号文件指出，要守住底线确保不发生规模性返贫。因此，农村家庭相对贫困的动态性问题有待进一步研究。

（2）已有关于贫困状态变化的研究较少使用生存分析方法，而且鲜有研究考虑到不同区域、不同贫困状态农村家庭相对贫困动态变化的异质性。本书将农村家庭的相对贫困状态看成一个生命历程，采用生存分析方法进行研究，不仅关注农村家庭在两个相邻时段内的相对贫困状态转换情况，而且关注影响贫困状态转换的相关因素。

（3）在研究相对贫困返贫问题时，较少学者从预防角度研究减少相对贫困的发生，分析人力资本和社会资本对农村家庭相对贫困脆弱性的影响。大部分有关贫困脆弱性的研究文献都集中在定义和测量方面，再根据测量结果进行定性分析。本书引入面板分位数模型等方法，将之应用在人力资本和社会资本影响农村家庭相对贫困动态性的实证分析中，旨在针对不同的相对贫困脆弱性农村家庭提出相应建议。同时，已有关于贫困脆弱性的研究也较少考虑到异质性问题。全书关注了人力资本和社会资本对不同区域、不同贫困状态农村家庭相对贫困动态性影响的异质性，并研究了人力资本和社会资本影响农村家庭相对贫困动态性的作用机制。

第3章 人力资本、社会资本对农村家庭相对贫困动态性影响的理论分析

3.1 人力资本对农村家庭相对贫困动态性影响的分析

一般而言，人力资本不仅能从宏观层面而且能从微观层面影响农村的贫困状况。在宏观层面，人力资本能通过经济增长和收入分配来影响农村家庭的贫困状况；在微观层面，人力资本是指通过教育、工作经验、健康和劳动力迁移等投资形成的凝聚在劳动者身上并具有经济价值的知识、经验、健康和技能等素质的总和。本书认为个体或者家庭人力资本的形成是通过人力资本的投资来实现的。人力资本的教育、健康、工作经验以及劳动力迁移等维度都与个体或者家庭的贫困状况有紧密的关系。

教育是人力资本最基础、最具影响力的构成要素。对教育和居民收入分配的关系这一问题，国内外学者持有不同观点。有学者认为教育有助于缓解收入差距，减少相对贫困发生。李骏提出，既然个体受教育水平与其收入正相关，则教育扩展提升个体受教育程度有助于提升其收入，减小收入差距，改善收入不均等。李祥云认为加强公共教育支出有助于提升低收入个体子女的教育水平，进而减小个体收入差距。柳光强发现农村基础教育扩展有助于缓解收入差距拉大，但这种影响逐年降低，原因在于新增低收入家庭孩子接受了更多年限或更高级别的教育，但获得的收益低于高收入家庭，这种教育的分化、改善反而加大收入差距，起到反作用。还有学者持不同观点，认为教育会加大收入差距。教育作为人力资本积累的主要方式，对农村家庭收入分配有着重要影响，主要体现在教育的不平等加剧了收入的不平等。熊广勤、王艳真认为教育的扩展能够提升农村贫困

劳动力的技能水平，进而提高他们的劳动生产率以及收入水平，缩小收入差距。陈晓东分析了 CHIP2013 数据后发现，教育在收入分配机会不平等影响城镇居民收入分配差距过程中起到了中介作用。收入分配机会不平等通过教育传导的比例约为 12.24%，且在女性群体中这一比例更高。陈晓东接着分析了 CGSS2017 年数据后发现，由教育导致的居民收入不平等在总收入不平等中占到 50.87%。

在产业结构升级的背景下，教育程度低的劳动力会面临市场竞争力弱、劳动报酬低、在市场中无人问津或者跟不上时代发展而被单位辞退的局面。此时，劳动者收入低或者没有收入，在未来有很大的概率会陷入相对贫困中。要素分配理论认为，劳动者的技能水平和知识储备也是一种生产要素，教育水平的高低直接影响到劳动者的生产效率。教育程度越高，劳动者生产率越高，获得的收入越多。若劳动者想从事较为复杂的生产劳动，需要具备适应工作环境、熟练使用生产工具的能力。外界环境要求劳动者必须具备一定的教育水平。教育水平偏低的劳动者无法胜任复杂工作，只能从事简单、低端的工作。与之相对应的是，劳动者获取的报酬较低，在未来有很大的概率会陷入相对贫困中。较低的知识存量限制了劳动者获得更高的收入，教育水平低也制约了劳动者对资源整合的能力。当今社会是信息社会，我们无时无刻不被海量信息包围。教育水平较低的劳动者获取信息的渠道少，能力弱，无法在大量信息中甄别有效信息并过滤无效信息，因此很难提升资源配置的效率。

劳动者能够劳动的时间取决于其健康存量。健康不仅代表着劳动者当期的收益，还代表着未来的收益。若劳动者身心健康，则个体精神饱满、体力充沛，能完成工作任务，并且能保持较高的工作效率。反之，若劳动者体质孱弱，则个体无法完成工作任务，并且工作效率低下，拖累其所在部门工作业绩的提升，劳动报酬随之减少。若此种情形继续恶化，该劳动者将失去工作机会，在劳动力市场中的竞争力也不会太高，未来有很大的概率会陷入相对贫困中。同时，劳动者还需花费额外的金钱维护身体状况，不仅经济收入下降，而且自身花费增加，使得家庭经济状况雪上加霜。一般情形下，疾病会导致工作时间减少、医疗支出增加、未来收入下降等。若家庭中有劳动者患病，本人和照料人将无法工作，失去收入，这对整个家庭收入都会造成影响。同时，医疗支出也会挤占子女的教育投入，形成恶性循环，整个家庭很容易陷入相对贫困中。

工作经验可以反映劳动者对生产工具的使用情况和熟悉程度，因此，工作经验与劳动效率密切相关，并且直接影响收入。工作经验可以用劳动者工作的时间长短表示。工作经验丰富的劳动者到岗后可以学习新的工作技能。与教育水平类似，工作经验的丰富程度也会影响劳动者的市场竞争力，同时也影响着劳动者的薪资水平。当前社会生产现代化程度越来越高，对劳动者的技能水平也提出了更高要求，工业智能化趋势也使得较为简单的工作逐渐被机器代替，如此一来，技能较低的劳动者将会被市场淘汰，失去收入来源，未来有很大概率会陷入相对贫困中。

目前我国还是一个发展中国家，政策性农业保险和商业保险均不发达，农户一般通过加入合作社降低自然灾害风险、交易风险等。因此，农村家庭选择劳动力迁移起到了一种替代农业保险的作用，不仅有助于降低自然风险和市场风险对从事农业生产活动的消极影响，而且增强了农村家庭抵抗风险的能力。伴随着工业化和城镇化进程的加快，创造了大量就业岗位，吸引了大量农村劳动力向城市转移。同时，改革开放初期的农村家庭联产承包责任制以及后来国家对购置农机具的补贴提高了农业机械化水平和生产效率，释放了大量农村富余劳动力。大量剩余劳动力迁移到非农领域获得了更高的收入回报。

大量研究证实，劳动力迁移在增加农民收入、降低绝对贫困发生率、优化家庭经济结构配置等方面起到了重要作用。然而，学者们就劳动力迁移对农村家庭相对贫困的影响尚未达成一致意见。有学者认为劳动力迁移加剧了农户间的收入不平等，进而加剧了农户相对贫困的程度。如张兆曙发现，城乡空间距离对农民增收的影响存在差异。离城市较近的农户，劳动力迁移对农户收入起到了融合促进效应；离城市较远的农户，劳动力迁移对农户收入起到了隔离抑制效应。区域间农民收入的差距正在被拉大。万广华发现，非农就业造成的工资性收入差距在农户总体收入差距中占到 40%~55%。Du 发现，虽然劳动力迁移能够使农村家庭增收 8.5%~13.1%，但农村贫困家庭人口外出打工的可能性较低，因此非农就业对贫困家庭减贫效果有限，收入差距反而拉大了。甄小鹏考虑到劳动力的异质性，认为劳动力迁移会加剧农村内部收入差距。

还有学者认为劳动力迁移能改善农村家庭收入不平等状况。程名望将农户收入的不平等进行分解后发现，区域差异是造成收入不平等的首要因素，而劳动力迁移能够促进农户收入的平等。城镇化进程创造了大量就业机会，吸引了大量农村贫困劳动力，已经迁移的劳动力获取更高的工资收入有助于缩小农户之间的收入差距。周力分析了 2010—2018 年 CFPS 数据，发现通过提升劳动力迁移收入可以改善农村家庭的相对贫困状况。但是异质性分析结果表明，农村劳动力只有迁移到省内工作才能起到减贫作用。刘一伟认为，劳动力迁移能够通过缩小收入差距来改善贫困农村居民的收入不平等状况。黄潇还发现，对高等教育水平群体而言，劳动力迁移有助于缩小与个体受教育水平差异相关的收入差距。王璇发现，劳动力迁移能够显著降低农村家庭的多维相对贫困。

基于以上分析，全书提出如下假设：

H1：人力资本能够减轻农村家庭相对贫困脆弱性。

H1.1：教育能够减轻农村家庭相对贫困脆弱性。

H1.2：工作经验能够减轻农村家庭相对贫困脆弱性。

H1.3：健康能够减轻农村家庭相对贫困脆弱性。

H1.4：劳动力迁移能够减轻农村家庭相对贫困脆弱性。

H2：人力资本能够通过增加收入减轻农村家庭相对贫困脆弱性。

在减轻贫困的过程中，社会资本与人力资本并不是孤立的，人力资本能否充分发挥作用还取决于其所处的社会环境。作为传统资本的重要补充，社会资本能够发挥"润滑剂"的作用，提升农村家庭防范未来陷入相对贫困的概率。社会资本的丰富性在于配置资源的能力。农村家庭获取资源后能够转化为收入，阻断贫困的恶性循环。人力资本是农村家庭生计活动的基础，社会资本大多以非正式形式存在，与社会习俗、人情往来、社会组织、成员偏好密切相关。同时，社会资本内嵌于人与人之间的关系网络中，不依附于独立个体存在。Coleman 指出，社会资本在家庭积累人力资本的过程中起着重要作用。例如社会关系能够决定个体获取信息和机会的数量与质量，社会关系也能够决定个体会被何种信念和习惯所影响。在同等条件下，那些能从社交网络活动中得到更多资源转移、受到更多正面影响的个体在人力资本积累上具有更大优势。有学者研究发现，在一些特定环境中，仅凭政府和市场难以有效提供生产教育资源，此时需要借助当地群众和民间团体组织和参与。Goldin发现，1910—1940年美国社会资本更丰富的社区，初中教育的扩张速度高于社会资本贫瘠的社区。Pili发现，教师自身和所属团队的社会资本能够提升学生的学习成绩。Wang在人力资本投资模型中引入社会互动研究同侪效应对学生教育水平的影响，结果表明相比于家境优越的学生，家境较差的学生在同学活动中的受益更大。同侪效应会降低学生之间人力资本不平等的代际传递。Wang强调，学生所在班级其他同学家长的社会地位可以成为自身的社会资本，助力自身人力资本的形成。社会资本不仅对人力资本的积累产生着作用，还会通过社会网络、社会资源与信任互惠等影响人力资本的收益回报率。因此，本书提出如下假设：

H3：人力资本能够通过社会资本减轻农村家庭相对贫困脆弱性。

3.2　社会资本对农村家庭相对贫困动态性影响的分析

社会资本在农村地区是不可或缺的。其中，在我国被称作"关系"的社会网络是社会资本的核心概念，并在农村社会中扮演着重要角色。农村家庭的社会网络是获取信息的重要渠道。从理论上讲，社会资本能够扩展农村家庭的信息收集渠道，帮助其增加收入，降低农村家庭的贫困脆弱性。国内外学者有关社会资本与贫困关系的看法主要包含以下三类。

有部分学者认为社会资本是穷人的资本，可以帮助穷人增加收入。刘一伟认为，社会资本可以提高个体的收入水平并缩小收入差距，进而降低收入贫困。社会资本的核心是社会网络关系。农村家庭的社会资本是由亲友等熟人构成的，这种由亲友构成的关系网络能够发挥风险分担的作用。农村家庭利用好自身的关系网能够有效降低完成某项事务的成本。社会资本能够帮助农村家庭降低获取相关资源的成本。胡伦认为，社会资本不仅能帮助农民工增加收入，还能帮助农民工脱离多维贫困。周晔馨认为，从静态视角分析，社会信任能够减轻绝对贫困；从动态视角分析，社会资本既能通过平滑消费缓解暂时贫困，还能通过劳动力流动来消除长期贫困。郭云南发现，社会网络能缩小收入差距，进而降低相对贫困程度。Scuderi 发现，加入社区能帮助非洲农村家庭减轻贫困，多元化的社会资本能够扶贫。Pham 发现，社会资本在减轻越南家庭收入贫困上有明显效果。

有学者认为，社会资本是富人的资本，社会资本能帮助富人获取更多的利益。Cleaver 发现，对遭受风险冲击的家庭，社会资本起不到平滑消费的作用。陆铭同意 Cleaver 的观点，也认为社会资本不能对我国农村家庭起到消费平滑的作用，原因是当市场化程度加深时，社会资本分担农村家庭面对自然灾害冲击的能力也会随之减弱。而赵剑治、李晓嘉都指出，社会资本能够显著扩大农村家庭收入的差距。刘雯认为社会资本在提升非贫困农村家庭的收入水平时反而加剧了农村家庭的收入差距。周晔馨认为，社会资本通过资本欠缺和回报欠缺两条途径加剧了收入不平等。Cheng 发现，社会资本较多的农村居民更容易成为精准扶贫政策受益者。非穷人可以比穷人调动更高水平的社会资本，以获得应分配给穷人的受益配额，从而导致错误分配。Woldehanna 分析了 2012—2016 年三轮埃塞俄比亚社会经济调查数据，发现较富裕的家庭比贫穷家庭更能够利用社会资本抵御风险冲击，从而缓解福利下降程度。

还有学者认为社会资本对农村家庭收入的影响并不是一成不变的，而是取决于农村家庭所处的环境。社会资本虽然可以通过信息传递、信息交流等方式降低贫困程度，但是贫困群体并不能因此建立较高的社会声誉，也不能通过社会资本减轻贫困。社会资本对精英群体而言具有马太效应。Chantarat 发现，当社会资本作为物质资本的替代品时，其能帮助农村家庭摆脱贫困。但相比于富有家庭，贫困家庭的社会资本积累具有先天劣势，因此某些社会资本不能帮助贫困家庭脱离贫困。刘彬彬发现，社会资本对农村家庭的收入增收具有门槛效应。当社会资本小于门槛值时没有增收效果，当社会资本超过门槛值才有增收效果。因此，全书结合已有文献提出如下假设：

H4：社会资本能够减轻农村家庭的相对贫困脆弱性。

H4.1：社会网络能够减轻农村家庭的相对贫困脆弱性。

H4.2：社会地位能够减轻农村家庭的相对贫困脆弱性。

H4.3：社会信任能够减轻农村家庭的相对贫困脆弱性。

作为一种重要的资源，社会资本由血缘、亲缘、地缘组成，是一种重要的资源。社会资本是以社会网络为载体的社会性资源，在农村家庭劳动力迁移中发挥着重要作用。已有研究证实，社会网络可以促进劳动力匹配工作岗位，社会资本能够显著促进农村劳动力迁移。

首先，社会资本能够降低农村劳动力的职位搜寻成本，促进劳动力迁移。就业信息的传播和获取是农村劳动力迁移的重要条件。目前，人们生活在信息社会中，无时无刻不被海量信息包围，大量无用的岗位招聘信息出现在劳动力市场，这考验了个体识别有效信息的能力。鉴于很多农村劳动力自身知识水平不高，在搜寻合适岗位的过程中会消耗其大量时间与金钱成本，所以在我国，农村中的很多信息是通过非正式交流的方式获取的，而社会网络是农村家庭获取信息的最好渠道。在重视人情世故的农村，个体在做出决策时会受到其所处社会网络的影响。若使用社会资本，就能快速有效地缩小搜寻和识别范围，进而减少农村劳动力迁移的搜寻成本。通过社会资本渠道可以让劳动者通过内推等机会接触招聘人员，比通过普通招聘渠道的成功率更高。即使不能应聘上心仪的工作岗位，农村劳动力利用社会资本也能较大地降低工作搜寻成本。

其次，社会资本能够扩展就业信息和就业机会的传播广度，促进农村劳动力迁移。由于农村劳动力迁移后从事的工作可替代性较高，因此迁移的关键在于获取有效的就业信息并成功把握。就业信息的有效传播能给农村劳动力提供可供选择的就业机会。Reich发现，劳动力市场的供需双方都存在信息不对称问题，一般表现在两个方面：（1）从供给方看，因受制于自身的学识、技能水平，农村劳动者对用人单位的情况大概率是浅显的了解，对用人单位的诚信情况了解也不多。（2）从需求方看，即使有熟人介绍，用人单位对农村劳动者的学识、技能水平以及就业期望了解有限，而利用社会资本可以解决该问题。因此，作为供给方的农村劳动者通过社会网络可以获得翔实的招聘单位资料，降低相关风险。同时，作为需求方的用人单位也可以通过社会网络关系增进对员工的了解。这缓解了劳动力市场信息不对称的状况。

此外，农村劳动力在应聘时会与一些与自己能力相近的人进行竞争，此时用人单位用人就会有较大的随意性。若劳动者能调用自己的社会资源作为隐性担保，个体被用人单位录用的概率将会增大。社会资本在这个过程中起到了重要的信息传递以及信任担保作用。个体利用好自身的社会资本将会在获得工作机会的过程中有更高的成功率。总之，社会资本通过信息传播为农村劳动力提供非正式的入职渠道，将会促进农村劳动力的迁移。

农村劳动力迁移对经济社会的发展和变迁影响深远。由于我国农村经济资源相对稀缺，作为重要的生产要素，如果农村劳动力不能迁移，则会造成资源浪费，降低整个社会的生产效率，并加剧农村家庭的贫困程度。因此，农村家庭的劳动力迁移情况和自身的贫困情况息息相关。改革开放以来，农业收入在农村居民收入构成中的比重逐年下降，而且，受制于耕地、水等自然资源的限制，农业的增长也受到制约。因此，农村家庭想依靠农耕持续增加收入难度较大，而通过劳动力迁移来有效配置农村劳动力是一个有效途径，农村剩余劳动力向城市迁移可以实现生产要素的自由流动以及有效配置。较高的收入是农村劳动力迁移的重要诱因。随着改革进程的持续推进以及户籍制度的变革，农村劳动力迁移已经成为一种常态，能够使农村家庭的收入来源更加多元。农村劳动力迁移不仅能给农村家庭带来更高的收入，而且有助于缩小收入差距，降低收入不平等，降低农村家庭未来陷入相对贫困的概率。

通过梳理已有文献可知，大部分研究都是着力于社会资本与贫困的关系。本书研究发现，社会资本通过信息分享和资源配置影响农村家庭劳动力的迁移决策，有助于提高农村家庭的收入，进而改善相对贫困状况。因此本书把社会资本、劳动力迁移与农村家庭相对贫困脆弱性纳入分析框架中，以分析劳动力迁移在社会资本影响农村家庭相对贫困脆弱性过程中的中介效应。

综上所述，大部分学者认为社会资本能够增加收入，但对社会资本能否对贫困人群的收入增长发挥更大作用这个问题意见不统一，这关系到社会资本能否降低农村家庭未来陷入相对贫困的概率。因此，结合已有文献笔者提出如下假设：

H5：社会资本能够通过劳动力迁移减轻农村家庭的相对贫困脆弱性。

H5.1：社会网络能够通过劳动力迁移减轻农村家庭的相对贫困脆弱性。

H5.2：社会地位能够通过劳动力迁移减轻农村家庭的相对贫困脆弱性。

H5.3：社会信任能够通过劳动力迁移减轻农村家庭的相对贫困脆弱性。

第4章 农村家庭相对贫困动态特征

我国农村家庭相对贫困状况不是千篇一律的。例如在调查周期内，农村家庭甲可能在贫困状态和非贫困状态间频繁变动，农村家庭乙可能在一段时间内一直处于非贫困状态然后又陷入贫困。因此，本章尝试性地探究相对贫困的农村家庭在脱离相对贫困之前经历了多长时间的贫困状态，或者那些陷入相对贫困的农村家庭在陷入相对贫困之前经历了多长时间的非贫困状态。

本章采用 2010—2018 年五轮中国家庭追踪调查（CFPS）数据，并借鉴生物领域常用的生存分析法分析我国农村家庭的相对贫困动态特征。农村家庭贫困或非贫困持续时间是农村家庭首次参与 CFPS 调查时处于贫困（或非贫困）状态直至首次脱离或进入贫困状态所经历的时间。持续时间的单位为调查的期数。首次脱离贫困的农村家庭是指 2010—2018 年首次脱离贫困但仍保留在数据库或者是直接退出调查的农村家庭。非贫困的农村家庭定义同理。由此可知，农村家庭贫困的持续时间是指农村家庭从首次参与调查并且处于贫困状态到首次脱离贫困所经历的期数。农村家庭首次脱离贫困这一事件可称为"失败"事件。

受到调查条件限制，笔者无法一直记录农村家庭的贫困状态。假设笔者观测到某农村家庭从 2010 年首次参与调查到 2018 年最后一次参与调查时一直处于贫困状态，笔者无法知晓该农村家庭首次退出贫困的具体时间；假设笔者观测到某农村家庭从 2010 年首次参与调查到 2018 年最后一次参与调查时一直处于非贫困状态，笔者亦无法知晓农村家庭首次进入贫困的具体时间。上述举例反映的是数据右删失（right censoring）问题。全书使用的生存分析法可以较好地解决这一问题。最后，笔者对农村家庭脱离贫困和进入贫困的调查年份作了统计，得出农村家庭的贫困和非贫困持续时间，并定义了每个时间段的结局变量。

贫困的转化转变包含四种模式："贫困—贫困"、"贫困—非贫困"、"非贫困—贫困"及"非贫困—非贫困"。笔者更关注农村家庭从贫困到非贫困以及非贫困到贫困的状态转变，并且在考虑二者状态变化的同时，还注意考察了贫困和非贫困状态的持续性，以及持续时间对农村家庭贫困状态的影响。综上，与传统方法相比，本章采用的生存分析法优势在于：（1）不需要假定数据服从明确的参数分布；（2）能够应对观测数据的截取和删失问题。在本章中，笔者主要考虑数据的右删失问题。

4.1　模型构建

4.1.1　贫困转移矩阵

贫困的动态变化旨在从时间维度研究农村家庭在不同时期的贫困情况转换。在调查时间 t 到调查时间 $t+1$ 这段时期，被调查农村家庭贫困状态的转化形式有四种类型："贫困—贫困"、"贫困—非贫困"、"非贫困—贫困"和"非贫困—非贫困"。本书采用贫困转移矩阵的形式来描绘这四种类型，见公式（4-1）：

$$P_{t,\ t+1} = \begin{bmatrix} p_{00} & p_{01} \\ p_{10} & p_{11} \end{bmatrix} \tag{4-1}$$

在公式（4-1）中，全书将贫困状态标记为 1，非贫困状态标记为 0。农村家庭在 t 期贫困而在 $t+1$ 期非贫困的概率记为 p_{10}，相应地在 t 时期和 $t+1$ 时期农村家庭均处于贫困状态的概率记为 P_{11}，$P_{10}+P_{11}=1$。同理，农村家庭在 t 期非贫困而在 $t+1$ 期处于贫困状态的概率记为 P_{01}，农村家庭在 t 时期和 $t+1$ 时期均处于非贫困状态的概率记为 P_{00}，$P_{01}+P_{00}=1$。贫困转移矩阵能清晰地描绘出我国农村家庭在相对贫困标准下处于贫困或非贫困状态的变动情况。

4.1.2　风险函数

全书采用 Kaplan-Meier 方法估计农村家庭的贫困和非贫困生存率，用 T 代表农村家庭的贫困或非贫困生存时间（ $T \geq 0$ ），取其中一个特定值 t，显然 T 为随机变量。假设 T 是连续随机变量，同时令生存时间 T 的概率密度函数为 $f(t)$，则累积分布函数为 $F(t)$。$F(t)$ 称为失效函数（failure function）。生存函数（survival function）为农村家庭贫困或非贫困状态存活时间超过 t 的概率，见公式（4-2）：

$$S(t) = P(T > t) = 1 - F(t) \qquad (4-2)$$

从公式（4-2）可以看出，生存函数是失效函数的反函数（reverse cumulative distribution function）。显然，$F(t)$ 具备单调递增的性质，由此可推断出 $S(t)$ 具备单调递减的性质。假设农村家庭的贫困或者非贫困状态保持到 t 时刻，则农村家庭在 $[t, t+\Delta t]$ 期间贫困状态改变的概率为：

$$P(t \leqslant T < t + \Delta t \,|\, T \geqslant t) = \frac{P(t \leqslant T < t + \Delta t)}{P(T \geqslant t)} = \frac{F(t + \Delta t) - F(t)}{S(t)} \qquad (4-3)$$

在公式（4-3）的基础上，本书将风险函数（hazard function）定义为农村家庭在 t 时刻 $F(t)$ 贫困状态改变的概率：

$$\begin{aligned}
\lambda(t) &= \lim_{\Delta t \to 0^+} \frac{P(t \leqslant T < t + \Delta t \,|\, T \geqslant t)}{\Delta t} \\
&= \lim_{\Delta t \to 0^+} \frac{F(t + \Delta t) - F(t)}{\Delta t} \\
&= \frac{1}{S(t)} \lim_{\Delta t \to 0^+} \frac{F(t + \Delta t) - F(t)}{\Delta t} = \frac{f(t)}{S(t)}
\end{aligned} \qquad (4-4)$$

由公式（4-4）可知，$\lambda(t)$ 实际上是在给定存活到 t 时刻条件下的密度函数。$\lambda(t)$ 也可称作条件死亡率（conditional failure rate），$f(t)$ 为无条件密度函数。$\lambda(t)$ 的取值范围为 $[0, +\infty)$，其中 0 代表无死亡风险，$+\infty$ 含义为必死无疑。

本书以 $\lambda(t)$ 为切入点，可推导出 $S(t)$、$F(t)$ 和 $f(t)$。由公式（4-4）推导：

$$\lambda(t) = -\frac{d\ln S(t)}{dt} \qquad (4-5)$$

由公式（4-5）可知 $d\ln S(t) = -\lambda(t)dt$。对公式两边同时作 0 到 t 的定积分，此时有：

$$\ln S(t) = -\int_0^t \lambda(u)\,du \tag{4-6}$$

在公式（4-6）中，u 为积分变量。在初始时刻 $t=0$ 时，有 $S(0)=1$，此时所有样本都处于存活状态。接着推导 $F(t)$，有：

$$F(t) = 1 - S(t) = 1 - \exp\left[-\int_0^t \lambda(u)\,du\right] \tag{4-7}$$

$$S(t) = \exp\left[-\int_0^t \lambda(u)\,du\right] \tag{4-8}$$

对公式（4-7）两边求导可得：

$$f(t) = \lambda(t)\exp\left[-\int_0^t \lambda(u)\,du\right] \tag{4-9}$$

全书定义累积风险函数（cumulative hazard function）衡量截至时刻 t 的农村家庭状态改变的累积总风险，有：

$$\Lambda(t) = \int_0^t \lambda(u)\,du = -\ln S(t) \tag{4-10}$$

与风险函数相比，累积风险函数能够更好地估计农村家庭状态变化的风险；且知道累积风险函数后，对其做简单推导就能得出生存函数：

$$S(t) = \exp\left[-\Lambda(t)\right] \tag{4-11}$$

$\Lambda(t)$ 完全决定了截至时刻 t 农村家庭贫困或非贫困状态的存活率。

4.1.3　数据删失

采用生存分析法往往涉及数据删失（data censoring）问题。受制于样本的数据限制，在有限的观察周期内有些农村家庭可能直到最后一期贫困或者非贫困状态都未改变，有些农村家庭可能在进入观测之前就已经历了一段时间的贫困或者非贫困状态。对前一种情况，全书称为数据右删失；对后一种情况，全书称为数据左删失（left censoring）。全书采用学者们的惯用做法，不考虑左删失问题，只对数据样本进行右删失处理。全书使用的数据是 2010—2018 年的五轮调查数据，该数据为离散数据。考虑到采用离散数据只能观察到农村家庭贫困或非贫困状态的转换发生在相邻两次调查之间，无法知晓具体转换时点，故全书参考 Cameron

的观点，假设在两次调查区间内农村家庭贫困或者非贫困状态转变的概率是相同的。假设调查时刻起点为 t_0，$t = 1$，2，3，4 代表农村家庭贫困或非贫困状态的持续时间段。若一个持续时间段完整，计为 $C_i = 0$，右删失则计为 $C_i = 1$，相应的生存函数为：

$$S_i(t) = \Pr(T_i > t) \tag{4-12}$$

公式（4-12）表示农村家庭贫困或非贫困状态的持续时间超过 t 年的概率。

4.1.4　Kaplan-Meier 模型

根据上文定义，生存函数 $S(t)$ 为农村家庭贫困或非贫困状态存活到时刻 t 的概率。若不存在数据删失问题，则可定义生存函数 $S(t)$ 为一直处于贫困或非贫困状态存活时间超过时刻 t 的农村家庭数量 r 占样本总量 n 的比例（r/n）。考虑到样本数据的右删失情形，本书采用 Kaplan-Meier 模型。K-M 估计量在右删失情形下依然是 $S(t)$ 的一致估计量。

令 $t_1 < t_2 < \cdots < t_j < \cdots < t_k$ 为样本中观测到的农村家庭贫困或非贫困状态的改变时间。令 n_j 表示第 j 期贫困或非贫困状态处于危险状态但未改变的农村家庭数目。到了时刻 t_j，这些农村家庭的状态只有三种结果：保持、转变或者删失（只能知晓状态改变时间大于 t_j，但没有后续数据）。令 m_j 是表示第 j 期观测到的经历状态转变事件的农村家庭数目。假设这些农村家庭存活至时刻 t_{j-1} 并能进一步存活至时刻 t_j，则农村家庭在时刻 t_{j-1} 处于贫困或非贫困状态，在时刻 t_j 首次处于非贫困或贫困状态的风险函数为：

$$\lambda_i(t) = pr(t - 1 < T_i \leq t \,|\, T_i \geq t - 1) = \frac{pr(t - 1 < T_i \leq t)}{pr(T_i > t - 1)} \tag{4-13}$$

风险函数的非参数估计可表示为：

$$\hat{h}_i(t) = m_j / n_j \tag{4-14}$$

一般情形下，农村家庭贫困或非贫困状态保持到时刻 t_j 的无条件概率为保持前每一个区间的条件概率乘积，因此农村家庭贫困或非贫困状态的生存函数非参数估计为一个连乘估计量，即 Kaplan-Meier 估计公式为：

$$\hat{S}(t) = \prod_{j|t_j \leqslant t} \left(\frac{n_j - m_j}{n_j} \right) \qquad (4-15)$$

基于 Kaplan-Meier 模型，全书对农村家庭的贫困和非贫困生存函数作了总体样本估计和分区域样本估计。

4.1.5　离散时间比例风险模型

上文提及农村家庭贫困或非贫困状态风险率也可采用参数估计，全书采用的方法为离散时间比例风险模型（Discrete Time Proportional Hazard Model）。农村家庭脱离贫困和进入贫困通常为一年中的某一时间点，实际上每个农村家庭脱贫和返贫的终止时间点都不一样。由于受 CFPS 调查时间限制，全书定义贫困持续时间单位为调查的期数，这对于终止点来说单位太大，此时采用 cloglog 模型较为合适。该模型可以控制农村家庭不可观测的异质性。全书借鉴 Jenkins 的方法，构造离散时间生存分析 cloglog 模型：

$$cloglog\left[1 - \lambda_\varepsilon(t, X) \right] = \lambda_0(t) + \beta' X + u \qquad (4-16)$$

其中，X 是影响风险率的外生变量，$\lambda_\varepsilon(t, X)$ 表示具有外生变量 X 的个体在时刻 t 的风险率，β 是待估计的回归系数，$\lambda_0(t)$ 是不随时间变化的基准风险率。若自变量增加一个单位，则风险率 $\lambda_\varepsilon(t, X)$ 会变为基准风险 $\lambda_0(t)$ 的 e^β。误差项 $u = \ln(\varepsilon)$，并且 $u \sim N(0, \sigma^2)$ 用于控制农村家庭不可观测的异质性。

4.2　数据来源与变量选择

4.2.1　数据来源

本书采用 CFPS 数据，样本覆盖25个省区市中105个县（区、市）的146个村的个体和家庭样本。CFPS 于 2010 年正式开通访问，全书使用五轮全国调查数据（2010 年、2012 年、2014 年、2016 年、2018 年）来考察农村家庭的贫困动态变化和持续性。

4.2.2　变量选取

在微观层面上，农村家庭贫困和非贫困状况与户主特征、家庭特征有着密切关系。参考以往文献以及考虑变量的可获得性，全书选取了以下解释变量：（1）农村家庭贫困或非贫困持续时间；（2）家庭人口特征：户主性别（男＝1；女＝0）、户主的婚姻状况（已婚且配偶健在＝1；其他＝0）、户主的年龄、户主年龄平方、家庭规模、人口抚养比；（3）家庭教育特征：户主的受教育年限、家中接受中等教育的人口比例、家中接受高等教育的人口比例；（4）家庭工作特征：家中在体制内单位工作人口比例，家中在民营企业工作人口比例；（5）家庭健康特征：家中健康人口比例；（6）家庭资产特征：做饭用水（拥有清洁水源＝1；否＝0）、做饭燃料（拥有清洁燃料＝1；否＝0）、耕地（拥有耕地＝1；否＝0）、汽车（拥有汽车＝1；否＝0）、住房（拥有自主产权住房＝1；否＝0）。表 4-1 给出了各个变量的描述性统计。

表 4-1　农村家庭相对贫困动态特征描述性统计

变量	变量含义	均值	标准差	最小值	最大值
贫困持续时间	农村家庭相对贫困状态持续时间	1.762	0.955	1	4
非贫困持续时间	农村家庭非贫困状态持续时间	2.183	1.087	1	4
户主年龄	户主年龄	51.74	12.67	16	94
户主性别	男＝1，女＝0	0.625	0.484	0	1
户主婚姻	已婚且配偶健在＝1，其他＝0	0.885	0.319	0	1
家庭规模	家庭人口数量	4.129	1.897	1	21
人口抚养比	人口抚养比	0.148	0.277	0	1
户主受教育年限	户主受教育年限	5.825	4.209	0	19
接受中等教育人口比例	初中、高中（职高、技校）教育人口比例	0.261	0.265	0	1

续表

变量	变量含义	均值	标准差	最小值	最大值
接受高等教育人口比例	大专及以上学历教育人口比例	0.023	0.085	0	1
体制内单位工作人口比例	在政府部门/党政机关/人民团体、事业单位、国有企业等单位工作人口比例	0.026	0.093	0	1
民企工作人口比例	在民营企业工作人口比例	0.117	0.197	0	1
健康	健康人口比例	0.500	0.301	0	1
汽车	拥有汽车=1，否=0	0.129	0.336	0	1
住房	拥有自主产权住房=1，否=0	0.920	0.271	0	1
耕地	拥有耕地=1，否=0	0.883	0.322	0	1
做饭燃料	拥有清洁燃料=1，否=0	0.428	0.495	0	1
生活用水	拥有清洁用水=1，否=0	0.522	0.500	0	1

资料来源：北京大学中国社会科学调查中心2010—2018年中国家庭追踪调查（CFPS）数据。

4.3 实证结果分析

4.3.1 贫困状态的转移概率

全书采用相对贫困线判定农村家庭是否贫困。相对贫困线标准为被调查农村家庭真实人均纯收入中位数的50%。若农村家庭人均真实收入低于该标准，则可认定为贫困。全书计算了农村家庭各年份的贫困发生率，结果见表4-2。2010—2018年，农村家庭的相对贫困线呈逐年上升趋势。2010年农村家庭的相对贫困线为4190.9元，2018年农村家庭的相对贫困线上升至8250.8元，增长了近一倍。与此同时，农村家庭的贫困发生率整体上呈下降态势。2010年农村家庭相对贫困发生率为 22.9%，2018 年农村家庭相对贫困发生率下降至 20.5%。

表 4-2　各年份农村家庭相对贫困发生率

项目	2010	2012	2014	2016	2018
相对贫困线/元	4190.9	5276.8	6867.8	8108.5	8250.8
贫困发生率	0.229	0.291	0.278	0.228	0.205

表 4-3 展示了样本在相对贫困线水平下，相邻两期以及调查开始与结束两期之间退出贫困和陷入贫困的概率。整体上看，2010—2018 年有 53.93% 的贫困农村家庭脱离相对贫困，有 17.81% 的非贫困农村家庭陷入相对贫困。在每两个相邻的调查年度，大部分贫困农村家庭在下一期脱离贫困，只有少部分非贫困农村家庭在下一期陷入贫困。当年贫困农村家庭在下一年脱离相对贫困的概率逐年增大，当年非贫困农村家庭在下一年陷入贫困的概率逐年降低。2010—2012 年有 52.22% 的贫困农村家庭脱离相对贫困，有 23.43% 的非贫困农村家庭陷入相对贫困。2012—2014 年有 52.85% 的贫困农村家庭脱离相对贫困，有 19.63% 的非贫困农村家庭陷入相对贫困。2014—2016 年有 56.62% 的贫困农村家庭脱离相对贫困，有 14.90% 的非贫困农村家庭陷入相对贫困。2016—2018 年有 52.30% 的贫困农村家庭脱离相对贫困，有 12.73% 的非贫困农村家庭陷入相对贫困。在 2020 年消除绝对贫困后，我国的扶贫工作需关注在相对贫困上。由于脱离贫困的农村家庭还存在小概率返贫的可能，所以扶贫工作还需要多追踪已脱离贫困的农村家庭的后续发展，防止出现返贫情形。

表 4-3　我国农村家庭相对贫困转移矩阵

年份	状态	相对贫困	脱离相对贫困
2010—2012	贫困	47.78	52.22
	非贫困	23.43	76.57

年份	状态	相对贫困	脱离相对贫困
2012—2014	贫困	47.15	52.85
	非贫困	19.63	80.37
2014—2016	贫困	43.38	56.62
	非贫困	14.90	85.10
2016—2018	贫困	47.70	52.30
	非贫困	12.73	87.27
2010—2018	贫困	46.07	53.93
	非贫困	17.81	82.19

4.3.2 贫困生存函数估计

4.3.2.1 贫困生存函数估计

（1）总体估计

表 4-4 给出了相对贫困线标准下我国农村家庭相对贫困的持续时间和生存函数估计。从中可以看到，农村家庭相对贫困持续时间均值为 2 期，中位数为 2 期。用 Kaplan-Meier 法可知，贫困时间超过 1 期的农村家庭比例为 51%，表示有 49% 的贫困农村家庭在首次进入调查后的 1 期时间内脱离相对贫困。贫困持续时间超过 4 期的农村家庭比例为 13%，表明在最后一期调查中仍然有 13% 的农村家庭处于贫困状态。可以看出，在整个调查周期内，大部分贫困农村家庭脱离了相对贫困，但还有少数农村家庭仍然处于相对贫困状态。首次进入调查的农村家庭在第 2 期调查结束后脱离贫困的概率最大；但随着持续时间的延长，农村家庭脱离相对贫困的可能性迅速下降。农村家庭脱离相对贫困的风险函数呈明显的负的依存性。

表 4-4　贫困农村家庭生存函数估计

	持续时间		K-M 估计量的生存率			
	均值	中位数	1 期	2 期	3 期	4 期
全国	2.00	2	0.51	0.30	0.20	0.13
东部地区	1.94	2	0.49	0.28	0.17	0.12
中部地区	1.99	1	0.48	0.29	0.22	0.16
西部地区	2.07	2	0.53	0.33	0.21	0.11

（2）分地区估计

表 4-4 还给出了相对贫困标准下东中西部地区农村家庭贫困持续时间和生存函数估计。可以看出，东部地区农村家庭贫困持续时间均值为 1.94 期，中位数为 2 期。用 Kaplan-Meier 法可知，贫困时间超过 1 期的农村家庭比例为 49%，表示有 51% 的贫困农村家庭在首次进入调查后的一期时间内脱贫。贫困持续时间超过 4 期的农村家庭比例为 12%，表明在最后一期调查中仍然有 12% 的农村家庭处于贫困状态。中部地区农村家庭贫困持续时间均值为 1.99 期，中位数为 1 期。用 Kaplan-Meier 法可知，贫困时间超过 1 期的农村家庭比例为 48%，表示有 52% 的贫困农村家庭在首次进入调查后的 1 期时间内脱贫。贫困持续时间超过 4 期的农村家庭比例为 16%，表明在最后一期调查中仍然有 16% 的农村家庭处于贫困状态。西部地区农村家庭贫困持续时间均值为 2.07 期，中位数为 2 期。用 Kaplan-Meier 法可知，贫困时间超过 1 期的农村家庭比例为 53%，表示有 47% 的贫困农村家庭在首次进入调查后的 1 期时间内脱贫。贫困持续时间超过 4 期的农村家庭比例为 11%，表明在最后一期调查中仍然有 11% 的农村家庭处于贫困状态。可以看出，在整个调查周期内，大部分贫困农村家庭脱离了相对贫困，但还有少数农村家庭仍然处于相对贫困状态。首次进入调查的农村家庭在第 2 期调查后脱离贫困的概率最大，但随着持续时间的延长，农村家庭脱离相对贫困的可能性迅速下降。农村家庭脱离相对贫困的风险函数呈明显的负的依存性。

由表 4-4 可以看出，东部、中部、西部地区农村家庭贫困时间均值依次上升。从生存率上看，东部地区有 49% 的农村家庭贫困时间超过 1 期，中部为 48%，西部为 53%。西部地区最大，东部地区和中部地区差异不大，明显低于西部地区。东部地区有 12% 的农村家庭贫困时间超过 4 期，中部为 16%，西部为 11%。从总体上看，东部地区和中部地区农村家庭脱离贫困风险率接近，明显低于西部地区农村家庭脱离贫困风险率。这也反映出西部地区的社会发展水平与东部地区和中部地区还有较大差距。政策倾斜和投资倾斜使得东部地区发展最快。以 "先富带后富" 为准则向西部地区辐射，客观上对东中西部地区的发展差距起到了一定推动作用。

4.3.2.2 非贫困生存函数估计

（1）总体估计

从表 4-5 可以看出，农村家庭非贫困持续时间均值为 3.03 期。非贫困持续时间超过 4 期的农村家庭有 54%（大于 50%），农村家庭非贫困持续时间较长，所以没有中位数。用 Kaplan-Meier 法可知，非贫困时间超过 1 期的农村家庭比例为 79%，表示只有 21% 的非贫困农村家庭在首次进入调查后的 1 期时间内进入相对贫困。贫困持续时间超过 4 期的农村家庭比例为 54%，表明在最后一期调查中仍然有 54% 的农村家庭为非贫困状态。可以看出，在整个调查周期内，大部分非贫困农村家庭维持非贫困状态。首次进入调查的非贫困农村家庭在第 2 期调查结束后陷入贫困的概率最大；但随着持续时间的延长，农村家庭陷入相对贫困的可能性缓慢下降。农村家庭陷入相对贫困的风险函数呈明显的负的依存性。

表 4-5　非贫困农村家庭生存函数估计

	持续时间		K-M 估计量的生存率			
	均值	中位数	1 期	2 期	3 期	4 期
全国	3.03	无	0.79	0.65	0.59	0.54
东部地区	3.18	无	0.82	0.71	0.65	0.61
中部地区	3.11	无	0.81	0.68	0.61	0.57
西部地区	2.74	无	0.71	0.55	0.47	0.42

（2）分地区估计

表 4-5 给出了相对贫困标准下东中西部地区农村家庭非贫困持续时间和生存函数曲线。可以看出，东部地区农村家庭非贫困持续时间均值为 3.18 期，中位数为无。用 Kaplan-Meier 法可知，非贫困时间超过 1 期的农村家庭比例为 82%，表示只有 18% 的非贫困农村家庭在首次进入调查后的 1 期时间内陷入贫困。非贫困持续时间超过 4 期的农村家庭比例为 61%，表明在最后 1 期调查中仍然有 61% 的农村家庭处于非贫困状态。中部地区农村家庭非贫困持续时间均值为 3.11 期，中位数为无。用 Kaplan-Meier 法可知，非贫困时间超过 1 期的农村家庭比例为 81%，表示只有 19% 的非贫困农村家庭在首次进入调查后的 1 期时间内陷入贫困。非贫困持续时间超过 4 期的农村家庭比例为 57%，表明在最后一期调查中仍然有 57% 的农村家庭处于非贫困状态。西部地区农村家庭非贫困状态持续时间均值为 2.74 期，中位数为 3 期。用 Kaplan-Meier 法可知，非贫困时间超过 1 期的农村家庭比例为 71%，表示有 29% 的非贫困农村家庭在首次进入调查后的 1 期时间内陷入贫困。贫困持续时间超过 4 期的农村家庭比例为 42%，表明在最后一期调查中仍然有 42% 的农村家庭处于非贫困状态。可以看出，在整个调查周期内，东部、中部地区大部分农村家庭保持非贫困状态，只有少数农村家庭陷入相对贫困状态。西部地区有超过半数的非贫困农村家庭最后陷入相对贫困中。首次进入调查的农村家庭在第 2 期调查结束后陷入贫困的概率最大；但随着持续时间的延长，非贫困农村家庭陷入相对贫困的可能性缓慢下降。农村家庭陷入相对贫困的风险函数呈明显的负的依存性。

由表 4-5 可以看出，西部地区非农村家庭贫困时间均值明显低于东部地区和中部地区。从生存率上看，东部地区有 82% 的农村家庭非贫困时间超过 1 期，中部为 81%，西部为 71%。西部地区最小，东部地区和中部地区差异不大，明显高于西部地区。东部地区有 61% 的农村家庭贫困时间超过 4 期；中部次之，为 57%；西部最小，为 42%。东部、中部地区农村家庭陷入贫困的概率接近，明显低于西部农村家庭，这也反映出我国在扶贫工作中还要关注非贫困农村家庭返贫的情况。尤其是西部地区，更要重点关注。

4.3.3 农村家庭脱离贫困风险率分析

农村家庭脱离贫困风险率 cloglog 模型估计回归结果见表 4-6。

表 4-6　农村家庭脱离贫困风险率 cloglog 模型估计回归结果

变量	1	2	3	4
	全样本	东部地区	中部地区	西部地区
贫困持续时间	-0.155***	-0.155***	-0.185***	-0.132***
	(0.011)	(0.019)	(0.023)	(0.018)
户主年龄	0.029***	0.015	0.026	0.037**
	(0.010)	(0.017)	(0.019)	(0.018)
户主年龄平方	-0.000***	-0.000	-0.000***	-0.000*
	(0.000)	(0.000)	(0.000)	(0.000)
户主性别	0.036	0.041	0.070	0.030
	(0.041)	(0.069)	(0.075)	(0.071)
户主婚姻状况	0.122**	0.058	0.346***	0.022
	(0.057)	(0.097)	(0.113)	(0.091)
家庭规模	-0.002	-0.004	0.038**	-0.041**
	(0.010)	(0.019)	(0.018)	(0.017)
人口抚养比	-0.626***	-0.480***	-0.539***	-0.891***
	(0.097)	(0.154)	(0.183)	(0.175)
户主受教育年限	0.017***	0.028***	0.005	0.018**
	(0.005)	(0.010)	(0.010)	(0.008)
接受中等教育人口比例	0.363***	0.317**	0.451***	0.290*
	(0.090)	(0.147)	(0.160)	(0.166)

续表

变量	1	2	3	4
	全样本	东部地区	中部地区	西部地区
接受高等教育人口比例	1.080**	0.660	1.517**	1.246
	(0.452)	(0.638)	(0.741)	(0.924)
体制内单位工作人口比例	2.299***	3.405***	2.989***	1.659***
	(0.411)	(0.961)	(0.703)	(0.579)
民企工作人口比例	1.693***	1.869***	1.565***	1.841
	(0.178)	(0.296)	(0.290)	(0.304)
家庭健康人口比例	0.471**	0.504	0.480***	0.409
	(0.065)	(0.107)	(0.121)	(0.111)
汽车	0.116**	0.334	-0.117***	0.172
	(0.056)	(0.103)	(0.092)	(0.106)
住房	0.084	0.081	0.228**	-0.070
	(0.061)	(0.092)	(0.111)	(0.123)
耕地	0.130**	0.109	0.008	0.263**
	(0.053)	(0.077)	(0.098)	(0.109)
做饭燃料	0.290**	0.356***	0.211***	0.264***
	(0.040)	(0.062)	(0.072)	(0.078)
生活用水	0.034	0.037	0.037	0.043
	(0.036)	(0.061)	(0.069)	(0.057)
省份	控制	控制	控制	控制
观测值	7350	2626	2113	2611

注: *、**、***分别表示在10%、5%、1%水平上表现显著;括号内数值为相应的标准差。

（1）总体回归

表4-6第1列给出了农村家庭脱离相对贫困风险率影响因素的cloglog模型估计结果，表明农村家庭贫困持续时间与农村家庭脱离贫困风险率在1%置信水平上呈显著负向关系。农村家庭贫困持续时间每增加1期，农村家庭脱离贫困风险率减少14.4%。在家庭人口特征方面，户主年龄对农村家庭脱离贫困风险率呈倒U形影响。人口抚养比对农村家庭脱离贫困有显著负向影响。老人和小孩越多，家庭开支越大，这对贫困家庭脱贫无疑是雪上加霜。人口抚养比每增加1个单位，农村家庭脱离贫困风险率减少46.5%。户主婚姻状况对农村家庭脱离贫困风险率有显著正向影响。相比其他，户主已婚的农村家庭脱离贫困风险率增加12.9%。在家庭教育特征方面，户主受教育年限以及家庭内部接受中等教育人口比例和接受高等教育人口比例均与农村家庭脱离贫困风险率呈显著正相关关系。户主受教育年限每增加1年，农村家庭脱离贫困风险率增加1.73%；接受中等教育人口比例每增加1个单位，农村家庭脱离贫困风险率增加43.8%；接受高等教育人口比例每增加1个单位，农村家庭脱离贫困风险率增加194.6%。教育能够帮助农村家庭脱贫。在家庭成员工作特征方面，家中在体制内单位工作人口比例和在民营企业工作人口比例对农村家庭脱离贫困风险率有显著正向影响。家庭成员出去工作能够增加家庭收入，减轻家庭负担。家中在体制内单位工作人口比例每增加1个单位，农村家庭脱离贫困风险率增加896.2%；家中在民营企业工作人口比例每增加1个单位，农村家庭脱离贫困风险率增加443.6%。在健康特征方面，家中健康人口比例对农村家庭脱离贫困风险率有显著正向影响。身体健康能够减少家庭在医疗方面的开支。家中健康人口比例每增加1个单位，农村家庭脱离贫困风险率增加60.1%。在家庭资产特征方面，拥有汽车对农村家庭脱离贫困风险率有显著正向影响，拥有汽车的农村家庭较没有汽车的农村家庭脱离贫困风险率增加12.3%。拥有耕地对农村家庭脱离贫困风险率有显著正向影响，拥有耕地的农村家庭较没有耕地的农村家庭脱离贫困风险率增加13.9%。做饭燃料对农村家庭脱离贫困风险率有显著正向影响，拥有清洁能源的农村家庭较没有清洁能源的农村家庭脱离贫困风险率增加33.7%。

（2）分地区回归

表4-6第2~4列给出了不同地区农村家庭脱离相对贫困风险率影响因素的cloglog模型估计结果，表明贫困持续时间对东中西部地区农村家庭的脱贫风险均有着显著负向影响。农村家庭贫困持续时间与脱离贫困风险率在1%置信水平上呈显著负向关系。农村家庭贫困持续时间每增加1期，东部地区农村家庭脱离贫困风险率减少14.3%，中部地区农村家庭脱离贫困风险率减少16.9%，西部地区农村家庭脱离贫困风险率减少12.3%。贫困持续时间对中部地区农村家庭脱离贫困风险率的负向影响最大。

家庭人口特征方面，户主年龄只对西部地区农村家庭脱离贫困风险率有显著倒U形影响。人口抚养比对东中西部地区农村家庭脱离贫困风险率均有显著的负向影响。人口抚养比每增加1个单位，东部地区农村家庭脱离贫困风险率减少38.1%，中部地区农村家庭脱离贫困风险率减少41.7%，西部地区农村家庭脱离贫困风险率减少58.9%。人口抚养比对西部地区农村家庭脱离贫困风险率负向影响最大。户主婚姻状况只对中部地区农村家庭脱离贫困风险率有显著正向影响。相比其他，户主已婚的农村家庭脱离贫困风险率增加41.3%。

教育特征方面，户主受教育年限只对东西部地区农村家庭脱离贫困风险率有显著正向影响。户主受教育年限每增加1年，东部地区农村家庭脱离贫困风险率增加2.82%，西部地区农村家庭脱离贫困风险率增加1.78%。户主受教育年限对东部地区农村家庭脱离贫困风险率正向影响更大。接受中等教育人口比例对东中西部地区农村家庭脱离贫困风险率均有显著正向影响。接受中等教育人口比例每增加1个单位，东部地区农村家庭脱离贫困风险率增加37.3%，中部地区农村家庭脱离贫困风险率增加57.1%，西部地区农村家庭脱离贫困风险率增加33.7%。接受中等教育人口比例对中部地区农村家庭脱离贫困风险率正向影响最大。接受高等教育人口比例只对中部地区农村家庭脱离贫困风险率有显著正向影响。可以看出，接受高等教育人口比例每增加1个单位，中部地区农村家庭脱离贫困风险率增加355.9%。

工作特征方面，在体制内单位工作人口比例和在民营企业工作人口比例对东中西部地区农村家庭脱离贫困风险率均有显著正向影响。在体制内单位工作人口比例每增加 1 个单位，东部地区农村家庭脱离贫困风险率增加 2909.9%，中部地区农村家庭脱离贫困风险率增加 1887.2%，西部地区农村家庭脱离贫困风险率增加 425.6%。在体制内单位工作人口比例对东部地区农村家庭脱离贫困风险率的正向影响最大。在民营企业工作人口比例每增加 1 个单位，东部地区农村家庭脱离贫困风险率增加 548.3%，中部地区农村家庭脱离贫困风险率增加 378.3%，西部地区农村家庭脱离贫困风险率增加 530.1%。在民营企业工作人口比例对东部地区农村家庭脱离贫困风险率的正向影响最大。

健康特征方面，健康人口比例对东中西部地区农村家庭脱离贫困风险率有显著正向影响。健康人口比例每增加 1 个单位，东部地区农村家庭脱离贫困风险率增加 65.5%，中部地区农村家庭脱离贫困风险率增加 61.6%，西部地区农村家庭脱离贫困风险率增加 50.5%。健康人口比例对东部地区农村家庭脱离贫困风险率正向影响最大。

资产特征方面，农村家庭拥有汽车只对东部地区农村家庭脱离贫困风险率有显著正向影响。拥有汽车的农村家庭比没有汽车的农村家庭脱离贫困风险率增加 39.6%。农村家庭拥有住房只对中部地区农村家庭脱离贫困风险率有显著正向影响。拥有住房的农村家庭比没有住房的农村家庭脱离贫困风险率增加 25.6%。农村家庭拥有耕地只对西部地区农村家庭脱离贫困风险率有显著正向影响。拥有耕地的农村家庭比没有耕地的农村家庭脱离贫困风险率增加 30.1%。做饭燃料对东中西部地区农村家庭脱离贫困风险率均有显著正向影响。在东部地区，拥有清洁能源的农村家庭比没有清洁能源的农村家庭脱离贫困风险率增加 42.8%；在中部地区，拥有清洁能源的农村家庭比没有清洁能源的农村家庭脱离贫困风险率增加 24.4%；在西部地区，拥有清洁能源的农村家庭比没有清洁能源的农村家庭脱离贫困风险率增加 30.2%。做饭燃料对东部地区农村家庭脱离贫困风险率正向影响最大。

4.3.4　农村家庭进入贫困风险率分析

（1）总体回归

表 4-7 第 1 列给出了农村家庭进入相对贫困风险率影响因素的 cloglog 模型估计结果，表明农村家庭非贫困持续时间与农村家庭进入贫困风险率在 1% 置信水平上呈显著负向关系。农村家庭非贫困持续时间每增加 1 期，进入贫困风险率减少 4.51%。在家庭人口特征方面，户主年龄对农村家庭进入贫困风险率呈正 U 形影响。人口抚养比对农村家庭进入贫困有显著正向影响。人口抚养比每增加 1 个单位，农村家庭进入贫困风险率增加 32.05%。户主婚姻状况对农村家庭进入贫困风险率有显著负向影响。相对而言，户主已婚的农村家庭进入贫困风险率减少 15.3%。家庭规模对农村家庭进入贫困风险率有显著正向影响。家庭规模每增加 1 人，农村家庭进入贫困风险率增加 2.47%。户主性别对农村家庭进入贫困风险率有显著负向影响。相对于女性户主，男性户主的家庭进入贫困风险率减少 11.5%。在教育特征方面，户主受教育年限和家庭内部接受中等教育人口比例、接受高等教育人口比例均与农村家庭进入贫困风险率呈显著负相关关系。户主受教育年限每增加 1 年，农村家庭进入贫困风险率减少 3.12%。接受中等教育人口比例每增加 1 个单位，农村家庭进入贫困风险率减少 33.3%。接受高等教育人口比例每增加 1 个单位，农村家庭进入贫困风险率减少 87.3%。教育能够防止农村家庭进入贫困。在家庭成员工作特征方面，在体制内单位工作人口比例和在民营企业工作人口比例均对农村家庭进入贫困风险率有显著负向影响。家庭成员外出工作能够增加收入，减轻家庭负担。在体制内单位工作人口比例每增加 1 个单位，农村家庭进入贫困风险率减少 97.8%。在民营企业工作人口比例每增加 1 个单位，农村家庭进入贫困风险率减少 94.2%。在健康特征方面，家中健康人口比例对农村家庭进入贫困风险率有显著负向影响。身体健康能够减少家庭在医疗方面的开支。家中健康人口比例每增加 1 个单位，农村家庭进入贫困风险率减少 45.3%。在家庭资产特征方面，拥有汽车对农村家庭进入贫困风险率有显著负向影响。拥有汽车的农村家庭比没有汽车的农村家庭进入贫困风险率减少 23.4%。拥有住房对农村家庭进入贫困风险率有显著负向影响。拥有住房的农村家庭比没有住房的农村家庭进入贫困风险率减少 15.8%。拥有耕地对农村家庭进入贫困风险率有显著正向影响。相对于没有耕地的农村家庭，拥有耕地的农村家庭进入贫

困风险率减少4.34%。做饭燃料对农村家庭进入贫困风险率有显著负向影响。拥有清洁能源的农村家庭比没有清洁能源的农村家庭进入贫困风险率减少30.6%。做饭燃料对农村家庭进入贫困风险率有显著负向影响。拥有清洁能源的农村家庭比没有清洁能源的农村家庭进入贫困风险率减少30.6%。生活用水对农村家庭进入贫困风险率有显著负向影响。拥有清洁水源的农村家庭比没有清洁水源的农村家庭进入贫困风险率减少8.02%。

(2) 分地区回归

表4-7第2~4列给出了不同地区农村家庭进入相对贫困风险率影响因素的cloglog模型估计结果,表明非贫困持续时间对东中部地区农村家庭进入贫困风险率有着显著负向作用。农村家庭非贫困持续时间每增加1期,东部地区农村家庭进入贫困风险率减少5.86%,中部地区农村家庭脱离贫困风险率减少6.28%。非贫困持续时间对中部地区农村家庭进入贫困风险率的负向影响最大。

家庭人口特征方面,户主年龄只对东部地区农村家庭进入贫困风险率有显著正向影响。人口抚养比只对西部地区农村家庭进入贫困风险率有显著正向影响。人口抚养比每增加1个单位,西部地区农村家庭进入贫困风险率增加104.5%。户主婚姻状况只对东中部地区农村家庭进入贫困风险率有显著负向影响。在东部地区,相比其他,户主已婚的农村家庭进入贫困风险率减少27.1%;在中部地区,相比其他,户主已婚的农村家庭进入贫困风险率减少25.1%。户主婚姻状况对东部地区农村家庭进入贫困风险率负向影响更大。家庭规模只对西部地区农村家庭进入贫困风险率有显著正向影响。家庭人口每增加1人,西部地区农村家庭进入贫困风险率增加5.60%。户主性别只对中部地区农村家庭进入贫困风险率有显著负向影响。相对于女性户主,户主为男性的中部地区农村家庭进入贫困风险率减少27.97%。

教育特征方面,户主受教育年限对东中西部地区农村家庭进入贫困风险率都有显著负向影响。户主受教育年限每增加1年,东部地区农村家庭进入贫困风险率减少2.53%,中部地区农村家庭进入贫困风险率减少2.3%,西部地区农村家庭进入贫困风险率减少3.82%。户主受教育年限对西部地区农村家庭进入贫困风险率负向影响最大。接受中等教育人口比例对东中部地区农村家庭进入贫困风险率均有显著负向影响。接受中等教育人口比例每增加 1 个单位，东部地区农村家庭进入贫困风险率减少 36.3%，中部地区农村家庭进入贫困风险率减少 37.8%。可见接受中等教育人口比例对中部地区农村家庭进入贫困风险率负向影响更大。接受高等教育人口比例对东中西部地区农村家庭进入贫困风险率都有显著负向影响。接受高等教育人口比例每增加 1 个单位，东部地区农村家庭进入贫困风险率减少 78.67%，中部地区农村家庭进入贫困风险率减少 88.73%，西部地区农村家庭进入贫困风险率减少 92.49%。可见接受高等教育人口比例对西部地区农村家庭进入贫困风险率的负向影响最大。

工作特征方面，在体制内单位工作人口比例和在民营企业工作人口比例对东中西部地区农村家庭进入贫困风险率均有显著负向影响。在体制内单位工作人口比例每增加 1 个单位，东部地区农村家庭进入贫困风险率减少 97.4%，中部地区农村家庭进入贫困风险率减少 96.3%，西部地区农村家庭进入贫困风险率减少 98.8%。可见在体制内单位工作人口比例对西部地区农村家庭进入贫困风险率的负向影响最大。在民营企业工作人口比例每增加 1 个单位，东部地区农村家庭进入贫困风险率减少 92.2%，中部地区农村家庭进入贫困风险率减少 93.4%，西部地区农村家庭进入贫困风险率减少 96.2%。在民营企业工作人口比例对西部地区农村家庭进入贫困风险率的负向影响最大。

健康特征方面，健康人口比例对东中西部地区农村家庭进入贫困风险率都有显著负向影响。健康人口比例每增加 1 个单位，东部地区农村家庭进入贫困风险率减少 49.3%，中部地区农村家庭进入贫困风险率减少 45.5%，西部地区农村家庭进入贫困风险率减少 42.7%。健康人口比例对东部地区农村家庭进入贫困风险率负向影响最大。

家庭资产特征方面，农村家庭拥有汽车只对东西部地区农村家庭进入贫困风险率有显著负向影响。在东部地区，相对于没有汽车的农村家庭，拥有汽车的农村家庭进入贫困风险率减少 43.4%；在西部地区，相对于没有汽车的农村家庭，拥有汽车的农村家庭进入贫困风险率减少 18.4%。农村家庭拥有汽车对东部地区农村家庭进入贫困风险率负向影响更大。农村家庭拥有住房只对东中部地区农村家庭进入贫困风险率有显著负向影响。在东部地区，相对于没有住房的农村家庭，拥有住房的农村家庭进入贫困风险率减少24.99%；在中部地区，相对于没有住房的农村家庭，拥有住房的农村家庭进入贫困风险率减少21.62%。农村家庭拥有住房对东部地区农村家庭进入贫困风险率负向影响更大。农村家庭拥有耕地只对西部地区农村家庭进入贫困风险率有显著负向影响。拥有耕地的农村家庭比没有耕地的农村家庭进入贫困风险率减少23.03%。做饭燃料对东中西部地区农村家庭进入贫困风险率均有显著负向影响。在东部地区，拥有清洁能源的农村家庭比没有清洁能源的农村家庭进入贫困风险率减少27.3%；在中部地区，拥有清洁能源的农村家庭比没有清洁能源的农村家庭进入贫困风险率减少30.3%；在西部地区，拥有清洁能源的农村家庭比没有清洁能源的农村家庭进入贫困风险率减少33.4%。做饭燃料对西部地区农村家庭进入贫困风险率负向影响最大。

表4-7　农村家庭进入贫困风险率 cloglog 模型回归估计结果

变量	1	2	3	4
	全样本	东部地区	中部地区	西部地区
非贫困持续时间	-0.046***	-0.060***	-0.065***	-0.019
	(0.008)	(0.013)	(0.015)	(0.012)
户主年龄	-0.038***	-0.057***	-0.026	-0.025
	(0.010)	(0.018)	(0.021)	(0.016)
户主年龄平方	0.000***	0.001***	0.000*	0.000
	(0.000)	(0.000)	(0.000)	(0.000)
户主性别	-0.122***	-0.029	-0.328***	-0.079
	(0.043)	(0.077)	(0.080)	(0.071)
户主婚姻状况	-0.167***	-0.316***	-0.289**	0.045
	(0.060)	(0.101)	(0.118)	(0.100)

续表

变量	1	2	3	4
	全样本	东部地区	中部地区	西部地区
家庭规模	0.024**	0.017	-0.008	0.055***
	(0.012)	(0.022)	(0.022)	(0.018)
人口抚养比	0.278***	-0.013	0.102	0.715***
	(0.096)	(0.157)	(0.185)	(0.168)
户主受教育年限	-0.032***	-0.026**	-0.023**	-0.039***
	(0.006)	(0.011)	(0.011)	(0.009)
接受中等教育人口比例	-0.405***	-0.451***	-0.475**	-0.248
	(0.100)	(0.161)	(0.185)	(0.176)
接受高等教育人口比例	-2.066***	-1.545*	-2.183***	-2.589***
	(0.506)	(0.852)	(0.789)	(0.939)
体制内单位工作人口比例	-3.814***	-3.649***	-3.296***	-4.409***
	(0.491)	(0.759)	(0.879)	(0.890)
民企工作人口比例	-2.847***	-2.549***	-2.720***	-3.258***
	(0.200)	(0.310)	(0.391)	(0.346)
家庭健康人口比例	-0.603***	0.679***	-0.607***	-0.557***
	(0.070)	(0.116)	(0.136)	(0.118)
汽车	-0.266***	-0.569***	-0.065	-0.203*
	(0.069)	(0.139)	(0.112)	(0.115)
住房	-0.172**	-0.288***	-0.244*	0.121
	(0.069)	(0.102)	(0.130)	(0.141)
耕地	-0.044	0.027	0.109	-0.262**
	(0.063)	(0.097)	(0.131)	(0.107)

续表

变量	1	2	3	4
	全样本	东部地区	中部地区	西部地区
做饭燃料	-0.365***	-0.312***	-0.362***	-0.407***
	(0.045)	(0.073)	(0.082)	(0.086)
生活用水	-0.084**	-0.102	-0.069	-0.080
	(0.041)	(0.072)	(0.082)	(0.064)
省份	控制	控制	控制	控制
观测值	15624	6306	4774	4544

注：*、**、***分别表示在10%、5%、1%水平上表现显著；括号内为相应的标准差。

4.4 稳健性检验

为了检验模型的稳健性，全书分别采用 probit 模型和 logit 模型进行回归，结果见表4-8。第1~2列分别为采用 probit 模型和 logit 模型估计的农村家庭脱离贫困风险率影响因素回归结果。第3~4列分别为采用 probit 模型和 logit 模型估计的农村家庭进入贫困风险率影响因素回归结果。结果显示，无论是采用 probit 模型还是采用 logit 模型，回归结果与 cloglog 模型的回归结果相差不大，表明上述结论稳健性较好。

表 4-8　稳健性检验

变量	1	2	3	4
	脱离贫困风险率		进入贫困风险率	
	probit 模型	logit 模型	probit 模型	logit 模型
贫困持续时间	−0.136***	−0.234***		
	(0.010)	(0.017)		
非贫困持续时间			−0.035***	−0.057***
			(0.005)	(0.009)
户主年龄	0.028***	0.050***	−0.027***	−0.046***
	(0.010)	(0.016)	(0.007)	(0.013)
户主年龄平方	−0.000***	−0.000***	0.000***	0.001***
	(0.000)	(0.000)	(0.000)	(0.000)
户主性别	0.026	0.043	−0.083***	−0.151***
	(0.041)	(0.069)	(0.029)	(0.051)
户主婚姻状况	0.090	0.141	−0.141***	−0.223***
	(0.055)	(0.093)	(0.043)	(0.074)
家庭规模	0.012	−0.023	0.011	0.026*
	(0.010)	(0.018)	(0.008)	(0.014)
人口抚养比	−0.591***	−0.967***	0.157**	0.300***
	(0.089)	(0.151)	(0.067)	(0.115)
户主受教育年限	0.019***	0.031***	−0.021***	−0.037***
	(0.005)	(0.009)	(0.004)	(0.007)
接受中等教育人口比例	0.414***	0.721***	−0.238***	−0.441***
	(0.094)	(0.163)	(0.064)	(0.114)

续表

变量	1	2	3	4
	脱离贫困风险率		进入贫困风险率	
	probit 模型	logit 模型	probit 模型	logit 模型
接受高等教育人口比例	1.405***	2.697***	-1.041***	-2.199***
	(0.540)	(1.034)	(0.287)	(0.542)
体制内单位工作人口比例	2.823***	5.254***	-2.049***	-4.081***
	(0.470)	(0.873)	(0.244)	(0.519)
民企工作人口比例	2.018***	3.838***	-1.517***	-3.056***
	(0.218)	(0.414)	(0.111)	(0.216)
家庭健康人口比例	0.464***	0.784***	-0.422***	-0.718***
	(0.064)	(0.109)	(0.047)	(0.083)
汽车	0.129**	0.206*	-0.173***	-0.310***
	(0.061)	(0.107)	(0.042)	(0.077)
住房	0.094	0.171*	-0.113**	-0.187**
	(0.061)	(0.103)	(0.049)	(0.084)
耕地	0.162***	0.290***	-0.015	-0.036
	(0.053)	(0.090)	(0.042)	(0.074)
做饭燃料	0.314***	0.543***	-0.229***	-0.411***
	(0.042)	(0.073)	(0.029)	(0.052)
生活用水	0.034	0.059	-0.064**	-0.103**
	(0.036)	(0.062)	(0.027)	(0.048)
省份	控制	控制	控制	控制
观测值	7350	7350	15624	15624

注: *、**、***分别表示在10%、5%、1%水平上表现显著;括号内为相应的标准差。

4.5　本章小结

本章利用 2010—2018 年五轮中国家庭追踪调查（CFPS）数据，利用生存分析法分析了我国农村家庭相对贫困的动态特征。从全国范围看，农村家庭相对贫困持续时间均值为 2 期，中位数为 2 期。农村家庭非贫困持续时间均值为 3.03 期，没有中位数。从分地区来看，东部地区农村家庭相对贫困持续时间均值为 1.94 期，中位数为 2 期。东部地区农村家庭非贫困持续时间均值为 3.18 期，没有中位数。中部地区农村家庭贫困持续时间均值为 1.99 期，中位数为 1 期。中部地区农村家庭非贫困持续时间均值为 3.11 期，没有中位数。西部地区农村家庭贫困持续时间均值为 2.07 期，中位数为 2 期。西部地区农村家庭非贫困持续时间均值为 2.74 期，中位数为 3 期。在调研期内，大部分处于相对贫困的农村家庭在经历短暂贫困后能脱离贫困，大部分非贫困农村家庭能够一直保持非贫困状态直至调查结束。

笔者研究发现，农村家庭脱离贫困和进入贫困的过程同时存在，进入贫困的风险小于脱离贫困的风险。生存模型的非参数估计表明，大多数贫困农村家庭在经历短暂贫困后能快速地脱离贫困。农村家庭贫困持续时间越长，其脱离贫困的风险率越小。农村家庭非贫困持续时间越长，其进入贫困的风险率越小。西部地区农村家庭脱离贫困的风险率明显小于东部地区和中部地区的农村家庭，其返贫风险率明显高于东部地区和中部地区的农村家庭。东部地区和中部地区农村家庭脱贫和返贫的概率差别不大。

第5章 人力资本对农村家庭相对贫困动态性影响

基于前文提及的贫困动态性理论，全书还需要评估农村家庭在未来陷入相对贫困的概率，即相对贫困脆弱性。本章利用中国家庭追踪调查（CFPS）数据，借助 Chaudhuri 对贫困脆弱性的计算方法，计算了农村家庭的相对贫困脆弱性，并考察了人力资本对农村家庭相对贫困脆弱性的影响。

5.1 相对贫困脆弱性计算

全书采用 VEP 方法测量我国农村家庭相对贫困脆弱性。首先定义农村家庭 i 在 t 时期的贫困脆弱性：$V_{it} = prob(\ln Y_i \leq \ln poor \mid X_i)$，即农村家庭未来收入水平小于设定的相对贫困线概率。由于不同群体的收入不属于同一分布，因此全书统一将收入进行自然对数处理，将回归后的残差平方作为收入波动继续进行 OLS 估计：

$$\ln Y_{it} = X_{it}\alpha_i + e_{ii} \tag{5-1}$$

公式（5-1）中 X_{it} 是影响家庭收入的一组可观测变量、向量。农村家庭贫困在不同时间具有相同分布，而不同农村家庭具有不同的收入结构，故同一时间不同农村家庭具有不同的收入分布，即残差项具有异质性。e_{it} 是均值 0，方差为 $\sigma_{e,i}^2$ 的干扰项。$\sigma_{e,i}^2$ 不一定服从正态分布，但是 VEP 方法认为该残差项来源于冲击，由相关特征变量决定。

$$\hat{e}_{it}^2 = X_{it}\beta_i + \mu_{it}, \ \mu_{it} \sim N(0, \ \sigma_{e,i}^2) \tag{5-2}$$

全书采用 Ameniya 的广义三阶段最小二乘法对人均纯收入对数以及残差的平方进行加权回归，得到渐进的有效的估计量 α_{fgls} 和 β_{fgls}。根据该 FGLS 估计量，全书估计了农村家庭未来人均收入对数的期望值和方差：

$$\hat{E}(\ln Y_i \mid X_i) = X_i \hat{\alpha}_{fgls} \qquad (5-3)$$

$$\hat{V}(\ln Y_i \mid X_i) = \sigma_{e,\,i}^2 = X_i \hat{\beta}_{fgls} \qquad (5-4)$$

再借鉴 Zhang 的做法，假设收入对数服从正态分布。接着选择合适的相对贫困线，计算农村家庭相对贫困脆弱性：

$$vul_{i,\,t} = prob(\ln Y_{i,\,t+1} < \ln poor) = \varphi\left[(\ln poor - X_i \hat{\alpha}_{fgls}) / \sqrt{X_i \hat{\beta}_{fgls,\,i}}\right] \quad (5-5)$$

其中，lnpoor 指的是相对贫困线标准的对数值。

5.2　模型构建

全书采用双向固定效应模型考察人力资本对农村家庭相对贫困脆弱性的影响，但从面板数据只能看到人力资本对农村家庭相对贫困脆弱性的整体影响。Mincer 方程认为，人力资本收入与个体教育水平、健康水平和工作经验相关。全书在 Mincer 方程基础上设定如下模型：

$$Vul_{it} = \alpha_0 + \alpha_1 edu_{it} + \alpha_2 hea_{it} + \alpha_3 workexp_{it} + \alpha_4 img_{it} + \nu X + u_i + \lambda_t + \varepsilon_{it}$$

$$(5-6)$$

上述方程属于传统的均值回归模型，反映的是自变量人力资本对因变量相对贫困脆弱性条件期望的影响。全书的核心问题是分析人力资本对相对贫困脆弱性的影响是如何随着农村家庭贫困脆弱程度的变化而变化，因此最好是能够刻画出自变量人力资本对相对贫困脆弱性整个条件分布的影响。面板分位数模型十分契合全书的研究。

分位数回归（quantile regression）模型最早由 Koenber 和 Basset 提出，主要采用因变量不同分位点与自变量进行回归，全面刻画分布的特征。与传统 OLS 回归分析相比，分位数回归还有以下特点：（1）全面描述自变量对因变量的变化范围及条件分布影响，对分布的刻画更为细致；（2）放宽了对因变量分布假设的限制，且不对扰动项分布作具体假设，估计系数比 OLS 回归更稳健；（3）估计量不易受异常值影响；（4）挖掘的信息更为稳健和丰富。

全书通过对相对贫困脆弱性不同分位点进行回归，进而观察人力资本对不同相对贫困脆弱性家庭的影响差异。

$$Q_{Vul_i}(\tau \mid x) = \beta_0 + \beta_1 edu_{it} + \beta_2 hea_{it} + \beta_3 workexp_{it}$$
$$+ \beta_4 img_{it} + \kappa X + u_i + \lambda_t + \varepsilon_{it} \tag{5-7}$$

同时，全书还采用熵值法将人力资本的四个维度合成为人力资本指数，考察人力资本对相对贫困脆弱性的影响。

$$Vul_{it} = \omega_0 + \omega_1 hcindex_{it} + \nu X + u_i + \lambda_t + \varepsilon_{it} \tag{5-8}$$

$$Q_{Vul_i}(\tau \mid x) = \psi_0 + \psi_1 hcindex_{it} + \kappa X + u_i + \lambda_t + \varepsilon_{it} \tag{5-9}$$

其中，公式（5-6）、公式（5-8）中因变量 Vul_{it} 分别为农村家庭 i 在 t 时间的相对贫困脆弱性。公式（5-7）、公式（5-9）中 $Q_{Vul_i}(\tau \mid x)$ 分别为农村家庭 i 在 t 时间的相对贫困脆弱性在给定自变量条件下分位点 τ 的条件分位数函数。u_i 是个体固定效应，控制家庭不随时间改变的遗漏变量问题。λ_t 是时间固定效应，控制个体在时间趋势上的异质性。ε_{it} 是随个体和时间而改变的扰动项。

在合成人力资本指数时，为了避免多指标评价间的信息重叠和主观赋权带来的偏差，全书采用熵值法确定客观指标权重，进而合成人力资本指数。指标合成步骤如下：

先对数据进行标准化处理：

$$X'_{ij} = \frac{X_{ij} - \min(X_j)}{\max(X_j) - \min(X_j)} \tag{5-10}$$

计算第 j 维度的人力资本指标的信息熵：

$$e_j = -\frac{1}{\ln m}\sum_{i=1}^{m}(Y_{ij} \times \ln Y_{ij}) \tag{5-11}$$

其中 $Y_{ij} = X'_{ij}/\sum_{i=1}^{m}i$，接着第 j 维度人力资本指标的差异系数为：

$$\nu_j = 1 - e_j \tag{5-12}$$

则指标权重为：

$$W_j = \nu_j/\sum_{j=1}^{n}\nu_j \tag{5-13}$$

最后计算第 i 个农村家庭的人力资本指数：

$$hcindex_i = \sum_{j=1}^{n} W_j \times X_{ij}^{'} \tag{5-14}$$

5.3　数据来源与变量选取

5.3.1　数据来源

全书实证分析采用的是北京大学中国家庭追踪调查（CFPS）数据的三轮调查（2014 年、2016 年、2018 年）数据。前文已经介绍 CFPS 数据，此处不再赘述。由于 2012 年的调查缺乏家庭劳动力流动指标，因此全书选取 2014—2018 年三轮调查数据考察人力资本对我国农村家庭相对贫困脆弱性的影响。

5.3.2　变量定义

被解释变量：相对贫困脆弱性。全书借鉴 Chaudhuri 的计算方法进行计算。关于相对贫困的测算，采用的是 OECD 提出的标准，即农村家庭人均收入中位数的 50%。若农村家庭人均收入低于该标准，则认定该农村家庭处于相对贫困。全书采用广义三阶段最小二乘法，通过公式（5-1）到公式（5-5）回归结果直接估计农村家庭相对贫困脆弱性。

解释变量：人力资本。选取教育、健康、工作经验和劳动力迁移四个维度代表农村家庭的人力资本。教育是指农村家庭劳动力平均受教育年限。健康是指农村家庭劳动力平均健康状况。笔者根据受访者对 CFPS 调查问卷中"自评健康状况"问题的回答计算了农村家庭劳动力平均健康状况。关于劳动力的划定范围，笔者排除了处于劳动力年龄但没有工作的成年人和年龄大于 65 岁的劳动者。前者由于上学或者不在劳动力市场等原因无法为家庭带来收入，后者由于家庭贫困只能通过打零工等方式减轻家庭负担。这些人获取收入的机会非常不稳定。全书只考虑家庭劳动力的受教育水平，以农村家庭所有务工劳动力的受教育年限平均值衡量家庭的受教育水平。本书采用程名望的处理方法计算劳动力的工作经验，用务工劳动力的年龄减去受教育年限以及学前年龄估计出的工作年限来替代，以家庭中从事外出务工劳动成员数量占家庭总劳动力数量的比例来衡量家庭劳动力的迁移情况。书中还基于以上四个维度合成人力资本指数。公式（5-8）、公式（5-9）中 $hcindex_{it}$ 表示农村家庭 i 在时间 t 的人力资本指数。在合成人力资本指数时，为了避免多指标评价间的信息重叠和因主观赋权带来的偏差，本书采用熵值法确定客观指标权重，进而合成人力资本指数。

控制变量：在参考国内外已有相关文献的基础上控制了以下变量。户主特征，包括户主性别（男=1；女=0）、户主的婚姻状况（已婚且配偶健在=1；否=0）、户主年龄、户主年龄平方、户主受教育年限。家庭资产特征，包括社会资本：社会网络（以农村家庭的人情礼物支出衡量）、社会地位（以农村家庭成年人对自己在本地的社会地位进行打分并取均值，打分范围在1~5之间）、社会信任（以农村家庭成年人对陌生人的信任程度打分并取均值，打分范围在1~10之间）；物质资本：包括做饭用水（清洁水源=1，否=0）、做饭燃料（清洁燃料=1；否=0）、耕地（有=1；否=0）、汽车（有=1；否=0）、住房（拥有自主产权住房=1；否=0）；金融资本：金融产品（有=1；否=0）。村庄特征，包括农村家庭所在村庄方圆5公里内是否有高污染企业（有=1；否=0）、村庄是否为少数民族聚集区（是=1；否=0）、村庄是否属于矿区（是=1；否=0）、村庄距本县县城距离。上述控制变量在实证模型中均用 X 表示。相关变量的描述性统计见表5-1。

表5-1　描述性统计

变量	定义	均值	标准差	最小值	最大值
相对贫困脆弱性	农村家庭未来陷入相对贫困的可能性	0.554	0.288	0	1
人力资本	人力资本指数	0.400	0.243	0.002	0.951
教育	劳动力平均受教育年限	6.266	3.367	0	16
健康	劳动力平均自评健康水平	2.973	1.016	1	5

续表

变量	定义	均值	标准差	最小值	最大值
工作经验	劳动力平均工作年限	29.32	9.391	0	49
劳动力迁移	外出务工劳动力占家庭劳动力总数比例	0.366	0.383	0	1
社会网络	农村家庭人情礼物支出（元），模型中取对数	7.055	2.377	0	11.85
社会地位	农村家庭成年人自评社会地位	3.042	0.806	1	5
社会信任	农村家庭成年人对陌生人的平均信任程度	1.747	1.475	0	10
抚养比	年龄不超过14岁的儿童和超过65岁的老人占家庭总人口的比例	0.085	0.159	0	1
户主年龄	户主年龄（岁）	49.65	11.15	16	87
户主婚姻状况	已婚=1，其他=0	0.906	0.291	0	1
户主性别	男=1，女=0	0.568	0.495	0	1
生活用水	清洁水源（自来水、井水等）是=1，否=0	0.578	0.494	0	1
做饭燃料	清洁燃料（煤气、天然气等）是=1，否=0	0.464	0.499	0	1
耕地	有=1，无=0	0.941	0.235	0	1
金融产品	有=1，无=0	0.005	0.073	0	1
住房	有=1，无=0	0.938	0.241	0	1
汽车	有=1，无=0	0.164	0.370	0	1
少数民族聚集区	家庭所在地是少数民族聚集区=1，否=0	0.141	0.348	0	1

变量	定义	均值	标准差	最小值	最大值
矿区	家庭所在地 属矿区 = 1，否 = 0	0.063	0.244	0	1
高污染企业	家庭所在村 有高污染企业 = 1，否 = 0	0.144	0.352	0	1
距本县县城 最近距离	家庭所在村距本县县城 最近距离（里）	54.40	42.19	0	280

资料来源：北京大学中国社会科学调查中心 2014—2018 年中国家庭追踪调查（CFPS）数据。

在全国范围内，农村家庭相对贫困脆弱性从 2014 年到 2018 年整体呈下降趋势。但是这三年农村家庭相对贫困脆弱性均超过了 50%，说明农村家庭在未来进入相对贫困状态的概率依然较大，我国农村家庭中存在严峻的相对贫困问题。2014 年、2016 年、2018 年，东中西部地区农村家庭相对贫困脆弱性均呈下降趋势。经济发展水平较高的东部地区农村家庭相对贫困脆弱性最低，中部地区次之，而经济发展水平较低的西部地区农村家庭相对贫困脆弱性最低，说明农村家庭相对贫困脆弱性存在地区异质性特征。

2014 年、2016 年、2018 年，贫困农村家庭和非贫困农村家庭相对贫困脆弱性均呈下降趋势，贫困农村家庭相对贫困脆弱性明显高于非贫困农村家庭，说明不同贫困状态下的农村家庭相对贫困脆弱性存在异质性特征。

5.4　实证结果分析

5.4.1　基准回归结果

为了验证人力资本对我国农村家庭相对贫困脆弱性的影响，全书将人力资本指数放入实证模型中进行回归。首先采用面板双向固定效应模型观察人力资本对相对贫困脆弱性的整体回归结果，接着采用面板分位数模型分析人力资本对农村家庭相对贫困脆弱性影响的完整情况。回归结果见表 5-2。面板双向固定效应回归结果显示，人力资本对农村家庭相对贫困脆弱性有显著负向影响。人力资本指数每提升 1 个单位，农村家庭相对贫困脆弱性下降 52.1%，即农村家庭未来陷入相对贫困的概率下降 52.1%。面板分位数模型见表 5-2 的第 2~6 列。估计结果显示，人力资本估计值从 0.1 分位数到 0.9 分位数均为负数，并且随着分位数水平的提高，系数估计值逐渐变小。

表 5-2　人力资本对农村家庭相对贫困脆弱性的影响

变量	面板双向固定效应	面板分位数回归				
		0.1	0.25	0.5	0.75	0.9
人力资本指数	-0.521^{***}	-0.541^{***}	-0.535^{***}	-0.521^{***}	-0.507^{***}	-0.501^{***}
	(0.008)	(0.020)	(0.016)	(0.011)	(0.015)	(0.019)
社会网络	-0.030^{***}	-0.029^{***}	-0.029^{***}	-0.030^{***}	-0.031^{***}	-0.032^{***}
	(0.001)	(0.002)	(0.002)	(0.001)	(0.002)	(0.002)
社会地位	-0.030^{***}	-0.031^{***}	-0.031^{***}	-0.030^{***}	-0.030^{***}	-0.030^{***}
	(0.002)	(0.005)	(0.004)	(0.003)	(0.004)	(0.005)
社会信任	-0.011^{***}	-0.012^{***}	-0.011^{***}	-0.011^{***}	-0.010^{***}	-0.010^{***}
	(0.001)	(0.003)	(0.002)	(0.002)	(0.002)	(0.003)
人口抚养比	0.260^{***}	0.254^{***}	0.256^{***}	0.260^{***}	0.265^{***}	0.267^{***}
	(0.011)	(0.030)	(0.024)	(0.016)	(0.023)	(0.029)
户主年龄	-0.021^{***}	-0.022^{***}	-0.021^{***}	-0.021^{***}	-0.021^{***}	-0.021^{***}
	(0.001)	(0.003)	(0.003)	(0.002)	(0.003)	(0.003)
户主年龄平方	0.000^{***}	0.000^{***}	0.000^{***}	0.000^{***}	0.000^{***}	0.000^{***}
	(0.000)	(0.000)	(0.000)	(0.000)	(0.000)	(0.000)

续表

变量	面板双向固定效应	面板分位数回归				
		0.1	0.25	0.5	0.75	0.9
户主婚姻状况	0.076***	0.078***	0.077***	0.076***	0.074***	0.073***
	(0.009)	(0.022)	(0.018)	(0.012)	(0.017)	(0.021)
户主性别	-0.043***	-0.044***	-0.044***	-0.043***	-0.042***	-0.041***
	(0.003)	(0.009)	(0.008)	(0.005)	(0.007)	(0.009)
生活用水	-0.007	-0.014	-0.012	-0.007	-0.001	0.001
	(0.004)	(0.011)	(0.009)	(0.006)	(0.009)	(0.011)
做饭燃料	-0.185***	-0.186***	-0.185***	-0.185***	-0.184***	-0.184***
	(0.011)	(0.009)	(0.006)	(0.009)	(0.011)	(0.011)
耕地	-0.185***	0.085***	0.086***	0.088***	0.091***	0.092***
	(0.004)	(0.019)	(0.016)	(0.011)	(0.015)	(0.019)
金融产品	0.088***	-0.188***	-0.184***	-0.177***	-0.169***	-0.166**
	(0.007)	(0.069)	(0.056)	(0.039)	(0.055)	(0.067)
住房	-0.177***	0.058***	0.057***	0.056***	0.055***	0.054***
	(0.028)	(0.018)	(0.015)	(0.010)	(0.014)	(0.017)
汽车	0.056***	-0.170***	-0.169***	-0.168***	-0.166***	-0.165***
	(0.007)	(0.012)	(0.010)	(0.007)	(0.010)	(0.012)
观测值	11471	11471	11471	11471	11471	11471
家庭固定效应	控制	控制	控制	控制	控制	控制
时间固定效应	控制	控制	控制	控制	控制	控制

注：*、**、***分别表示在10%、5%、1%水平上表现显著；括号内为相应的标准差。

为了验证人力资本各维度对我国农村家庭相对贫困脆弱性的影响，书中用劳动力迁移、健康、工作经验和教育四个维度替代人力资本指数，并放入实证模型中进行回归。首先采用面板双向固定效应模型观察人力资本对相对贫困脆弱性的整体回归结果，具体见表5-3的第1列。其次采用面板分位数模型分析人力资本四维度对农村家庭相对贫困脆弱性影响的完整情况，回归结果见表5-3的第2~6列。从回归结果可以看出：（1）人力资本的四个维度，包括劳动力迁移、健康、工作经验和教育的面板分位数模型估计系数与面板双向固定效应估计系数符号基本一致。（2）从整体上看，人力资本四个维度，包括劳动力迁移、健康、工作经验和教育在不同相对贫困脆弱性水平下的回归系数差别较大。在面板分位数模型回归结果中，农村家庭在不同相对贫困脆弱性水平下，劳动力迁移、健康、工作经验和教育对家庭未来陷入相对贫困概率的影响具有差异性。该发现没有反映在面板双向固定效应模型回归结果中。

劳动力迁移对农村家庭相对贫困脆弱性影响最大。面板双向固定效应模型回归结果显示，农村家庭劳动力迁移比例每增加1%，相对贫困脆弱性降低29.4%。面板分位数模型估计结果显示，劳动力迁移估计值从0.1分位数到0.9分位数均为负数，并且随着分位数水平的提高，系数估计值逐渐变小。0.1、0.25分位数的估计值大于面板双向固定效应模型的估计值，0.5分位数的估计值约等于面板双向固定效应模型的估计值，0.75和0.9分位数的估计值小于面板双向固定效应模型的估计值。劳动力迁移与农村家庭相对贫困脆弱性的关系，是随着农村家庭相对贫困脆弱性水平从低分位数到高分位数变动的。劳动力迁移对农村家庭相对贫困脆弱性的影响呈递减趋势，表明劳动力迁移对低相对贫困脆弱性水平农村家庭相对贫困脆弱性的影响大于高相对贫困脆弱性水平农村家庭。对于低相对贫困脆弱性农村家庭而言，家庭成员外出务工能获取更多的收入，易降低家庭未来陷入相对贫困的风险；而对于高相对贫困脆弱性农村家庭而言，因受限于自身能力，外出务工获取的收入稍低。因此，劳动力迁移对农村家庭未来陷入相对贫困风险的影响稍小。

健康估计系数在面板双向固定效应模型和面板分位数模型中都在1%置信水平上显著为负，可以得出健康对农村家庭相对贫困脆弱性存在显著负向影响。面板双向固定效应回归结果表明,农村家庭劳动力平均健康水平每增加 1 个单位,农村家庭相对贫困脆弱性降低 2.5%。面板分位数模型估计结果显示,健康系数估计值从 0.1 到 0.9 分位数估计值波动不大。0.1、0.25 和 0.5 分位数的估计值均为-0.025,约等于面板双向固定效应回归结果;0.75、0.9 分位数的估计值略微上升至-0.026,略大于面板双向固定效应回归结果。这说明健康对农村家庭相对贫困脆弱性的影响并不会随着相对贫困脆弱性水平的波动而变化太多。

工作经验估计系数在面板双向固定效应模型和面板分位数模型中都在 1% 置信水平上显著为负,可以得出工作经验对农村家庭相对贫困脆弱性存在显著负向影响,但工作经验对农村家庭相对贫困脆弱性的影响较小。面板分位数模型估计结果显示,工作经验系数估计值从 0.1 到 0.9 分位数均为负数,且系数大小没有变化,均为-0.001。这说明工作经验对农村家庭相对贫困脆弱性的影响并不会随着相对贫困脆弱性水平的波动而变化。面板分位数模型各分位点回归系数与面板双向固定效应回归系数基本相同。

教育估计系数在面板双向固定效应模型和面板分位数模型中都在 1% 置信水平上显著为负,可以得出教育对农村家庭相对贫困脆弱性存在显著负向影响。面板双向固定效应估计结果显示,劳动力平均受教育年限每增加 1 年,农村家庭相对贫困脆弱性降低 2.9%。面板分位数模型估计结果显示,教育系数估计值从 0.1 到 0.9 分位数估计值波动不大。0.1、0.25 和 0.5 分位数的估计值均为-0.029,约等于面板双向固定效应回归结果。0.75 和 0.9 分位数的估计值略微下降至-0.028,略小于面板双向固定效应回归结果。这说明工作经验对农村家庭相对贫困脆弱性的影响并不会随着相对贫困脆弱性水平的波动而变化太多。

表 5-3　人力资本各维度对农村家庭相对贫困脆弱性的影响

变量	面板双向固定效应	面板分位数回归				
		0.1	0.25	0.5	0.75	0.9
劳动力迁移	-0.294***	-0.306***	-0.303***	-0.294***	-0.285***	-0.282***
	(0.004)	(0.018)	(0.014)	(0.015)	(0.029)	(0.035)

续表

变量	面板双向固定效应	面板分位数回归				
		0.1	0.25	0.5	0.75	0.9
健康	-0.025***	-0.025***	-0.025***	-0.025***	-0.026**	-0.026**
	(0.002)	(0.007)	(0.005)	(0.006)	(0.011)	(0.013)
工作经验	-0.001***	-0.001***	-0.001***	-0.001***	-0.001***	-0.001***
	(0.000)	(0.000)	(0.000)	(0.000)	(0.000)	(0.000)
教育	-0.029***	-0.029***	-0.029***	-0.029***	-0.028***	(0.000)
	(0.001)	(0.004)	(0.003)	(0.003)	(0.006)	(0.007)
社会网络	-0.031***	-0.029***	-0.029***	-0.031***	-0.033***	-0.034***
	(0.001)	(0.003)	(0.002)	(0.003)	(0.005)	(0.006)
社会地位	-0.031***	-0.031***	-0.031***	-0.031***	-0.030**	-0.030**
	(0.002)	(0.008)	(0.006)	(0.007)	(0.012)	(0.015)
社会信任	-0.010***	-0.011***	-0.010***	-0.010***	-0.009	-0.009
	(0.001)	(0.004)	(0.003)	(0.003)	(0.007)	(0.008)
人口抚养比	0.275***	0.268***	0.270***	0.275***	0.280***	0.282***
	(0.010)	(0.044)	(0.034)	(0.038)	(0.071)	(0.085)
户主年龄	-0.022***	-0.022***	-0.022***	-0.022***	-0.023***	-0.023**
	(0.001)	(0.005)	(0.004)	(0.004)	(0.008)	(0.009)
户主年龄平方	0.000***	0.000***	0.000***	0.000***	0.000***	0.000**
	(0.000)	(0.000)	(0.000)	(0.000)	(0.000)	(0.000)
户主婚姻状况	0.083***	0.082***	0.083***	0.083***	0.084*	0.085
	(0.007)	(0.030)	(0.023)	(0.025)	(0.048)	(0.057)
户主性别	-0.037***	-0.040***	-0.039***	-0.038***	-0.036*	-0.035
	(0.003)	(0.013)	(0.010)	(0.011)	(0.022)	(0.026)

续表

变量	面板双向固定效应	面板分位数回归				
		0.1	0.25	0.5	0.75	0.9
生活用水	-0.003	-0.010	-0.008	-0.003	0.002	0.004
	(0.004)	(0.015)	(0.012)	(0.013)	(0.025)	(0.030)
做饭燃料	-0.184***	-0.186***	-0.185***	-0.184***	-0.183***	-0.182***
	(0.004)	(0.016)	(0.012)	(0.013)	(0.025)	(0.030)
耕地	0.084***	0.079***	0.080***	0.084***	0.087**	0.088*
	(0.006)	(0.028)	(0.021)	(0.024)	(0.044)	(0.053)
金融产品	-0.165***	-0.178	-0.174**	-0.165*	-0.155	-0.151
	(0.028)	(0.110)	(0.084)	(0.094)	(0.176)	(0.211)
住房	0.057***	0.056**	0.056***	0.057***	0.057	0.058
	(0.006)	(0.026)	(0.020)	(0.022)	(0.041)	(0.049)
汽车	-0.162***	-0.166***	-0.165***	-0.162***	-0.160***	-0.159***
	(0.004)	(0.018)	(0.014)	(0.015)	(0.029)	(0.035)
观测值	11471	11471	11471	11471	11471	11471
家庭固定效应	控制	控制	控制	控制	控制	控制
时间固定效应	控制	控制	控制	控制	控制	控制

注：*、**、***分别表示在10%、5%、1%水平上表现显著；括号内为相应的标准差。

5.4.2 异质性分析

5.4.2.1 人力资本对不同地区农村家庭相对贫困脆弱性的影响

表5-4第1~3列分别给出了人力资本对我国东中西部地区农村家庭相对贫困脆弱性的影响。面板双向固定效应回归结果显示，人力资本指数对东中西部地

区农村家庭相对贫困脆弱性均有显著负向影响。人力资本指数对东部地区农村家庭相对贫困脆弱性影响最大，中部地区次之，西部地区最小。人力资本指数每提升 1 个单位，东部地区农村家庭相对贫困脆弱性下降 54.4%，中部地区农村家庭相对贫困脆弱性下降 53.7%，西部地区农村家庭相对贫困脆弱性下降 48.3%。

表 5-4　人力资本对不同地区农村家庭相对贫困脆弱性的影响

变量	1	2	3
	东部地区	中部地区	西部地区
人力资本指数	-0.544***	-0.537***	-0.483***
	(0.012)	(0.013)	(0.014)
社会网络	-0.035***	-0.032***	-0.025***
	(0.001)	(0.002)	(0.001)
社会地位	-0.033***	-0.031***	-0.028***
	(0.004)	(0.004)	(0.003)
社会信任	-0.013***	-0.009***	-0.011***
	(0.002)	(0.002)	(0.002)
人口抚养比	0.226***	0.289***	0.268***
	(0.018)	(0.020)	(0.019)
户主年龄	-0.021***	-0.025***	-0.020***
	(0.003)	(0.003)	(0.002)
户主年龄平方	0.000***	0.000***	0.000***
	(0.000)	(0.000)	(0.000)
户主婚姻状况	0.069***	0.057***	0.086***
	(0.017)	(0.018)	(0.011)

续表

变量	1	2	3
	东部地区	中部地区	西部地区
户主性别	-0.054***	-0.040***	-0.035***
	(0.006)	(0.006)	(0.006)
生活用水	-0.016**	0.003	-0.005
	(0.008)	(0.007)	(0.007)
做饭燃料	-0.174***	-0.193***	-0.189***
	(0.007)	(0.008)	(0.007)
耕地	0.081***	0.082***	0.098***
	(0.012)	(0.016)	(0.011)
金融产品	-0.163***	-0.179***	-0.210***
	(0.043)	(0.053)	(0.051)
住房	0.062***	0.063***	0.045***
	(0.010)	(0.014)	(0.011)
汽车	-0.155***	-0.170***	-0.177***
	(0.008)	(0.008)	(0.008)
观测值	3956	3336	4179
家庭固定效应	控制	控制	控制
时间固定效应	控制	控制	控制

注：*、**、***分别表示在10%、5%、1%水平上表现显著；括号内为相应的标准差。

表5-5、表5-6、表5-7分别给出了人力资本对我国东中西部地区农村家庭相对贫困脆弱性的影响。书中用劳动力迁移、健康、工作经验、教育四个维度替代人力资本指数，并放入方程中进行回归。首先采用面板双向固定效应模型观察

人力资本对相对贫困脆弱性的整体回归结果。东中西部地区回归结果分别见表5-5 到表 5-7 的第 1 列。回归结果表明，无论是东部地区、中部地区还是西部地区，劳动力迁移、劳动力平均受教育年限、劳动力平均健康水平和劳动力平均工作年限都有效缓解了农村家庭相对贫困脆弱性。东中西部地区人力资本四个维度（劳动力迁移、健康、工作经验、教育）的面板分位数模型与面板双向固定效应估计系数符号基本一致。东中西部地区人力资本的四个维度，包括劳动力迁移、健康、工作经验、教育在不同相对贫困脆弱性水平下的回归系数差别较大。

劳动力迁移对东部地区农村家庭相对贫困脆弱性负向影响最大。劳动力迁移比例每提升 1%，农村家庭相对贫困脆弱性下降 31.6%。中部地区次之。劳动力迁移对西部地区农村家庭相对贫困脆弱性负向影响最小。面板分位数模型估计结果显示，东中西部地区劳动力迁移估计值从 0.1 到 0.9 分位数均为负数，并且随着分位数水平的提高，系数估计值逐渐变小。东部地区农村家庭 0.1、0.25 分位数的估计值大于面板双向固定效应模型的估计值，0.5 分位数的估计值约等于面板双向固定效应模型的估计值，0.75 和 0.9 分位数的估计值小于面板双向固定效应模型的估计值。中部地区农村家庭 0.1、0.25 和 0.5 分位数的估计值大于面板双向固定效应模型的估计值，0.75 和 0.9 分位数的估计值小于面板双向固定效应模型的估计值。西部地区农村家庭 0.1、0.25 分位数的估计值大于面板双向固定效应模型的估计值，0.5 分位数的估计值约等于面板双向固定效应模型的估计值，0.75 和 0.9 分位数的估计值小于面板双向固定效应模型的估计值。面板分位数模型估计结果显示，东中西部地区劳动力迁移估计值从 0.1 分位数到 0.9 分位数均为负数。

健康对中部地区农村家庭相对贫困脆弱性负向影响最大。劳动力平均健康水平每提升 1 个单位，农村家庭相对贫困脆弱性下降 2.9%。东部地区次之，西部地区最小。面板分位数模型估计结果显示，健康对东部地区农村家庭相对贫困脆弱性影响只在 0.1 到 0.75 分位数上显著为负。随着分位数水平的提高，影响效果逐渐变大。健康对中部地区农村家庭相对贫困脆弱性影响只在 0.5 分位数上显著为负。健康对西部地区农村家庭相对贫困脆弱性影响在 0.1 到 0.9 分位数上显著为负，并且随着分位数水平的提高，影响效果逐渐变小。

工作经验只对东西部地区农村家庭相对贫困脆弱性有显著负向影响。工作经验对东西部地区相对贫困脆弱性负向影响大致相同。面板双向固定效应模型回归结果表明，劳动力平均工作经验每增加1年，东西部地区农村家庭相对贫困脆弱性下降0.1%。工作经验对东西部地区农村家庭相对贫困脆弱性的影响较小。面板分位数模型估计结果显示，工作经验系数估计值从0.1到0.9分位数均为负数，且系数大小没有变化，均为-0.001，说明工作经验对农村家庭相对贫困脆弱性的影响并不会随着相对贫困脆弱性水平的波动而变化。面板分位数模型分位点回归系数与面板双向固定效应回归系数基本相同。在东部地区，工作经验只在0.5、0.75分位数上对农村家庭相对贫困脆弱性有显著负向影响。在西部地区，工作经验只在0.1到0.5分位数上对农村家庭相对贫困脆弱性有显著负向影响。东西部地区不同分位数系数大小几乎没有变化，说明工作经验对东西部地区农村家庭相对贫困脆弱性的影响并不会随着相对贫困脆弱性水平的波动而变化。面板分位数模型各分位数回归系数与面板双向固定效应回归系数基本相同。

教育对中部地区农村家庭相对贫困脆弱性负向影响最大。劳动力平均受教育年限每增加1年，农村家庭相对贫困脆弱性下降3.1%。西部地区次之，东部地区最小。面板分位数模型估计结果显示，东中西部地区教育估计值从0.1到0.9分位数均为负数。随着分位数水平的提高，东部地区系数没有变化，中西部地区系数估计值逐渐变小。中部地区0.1、0.25和0.5分位数的估计值约等于面板双向固定效应模型的估计值，0.75和0.9分位数的估计值略小于面板双向固定效应模型的估计值。西部地区0.1、0.25分位数的估计值约大于面板双向固定效应模型的估计值，0.5分位数的估计值约等于面板双向固定效应模型的估计值，0.75、0.9分位数的估计值略小于面板双向固定效应模型的估计值。

表 5-5　人力资本对东部地区农村家庭相对贫困脆弱性的影响

变量	面板双向固定效应	面板分位数回归				
		0.1	0.25	0.5	0.75	0.9
劳动力迁移	-0.316***	-0.326***	-0.323***	-0.316***	-0.309***	-0.306***
	(0.007)	(0.029)	(0.023)	(0.023)	(0.041)	(0.049)
健康	-0.026***	-0.024**	-0.025***	-0.026***	-0.028*	-0.029
	(0.003)	(0.012)	(0.009)	(0.009)	(0.017)	(0.020)
工作经验	-0.001**	-0.001	-0.001	-0.001	-0.001	-0.001
	(0.000)	(0.002)	(0.002)	(0.001)	(0.003)	(0.003)
教育	-0.027***	-0.027***	-0.027***	-0.027***	-0.027***	-0.027**
	(0.002)	(0.006)	(0.005)	(0.005)	(0.009)	(0.011)
社会网络	-0.035***	-0.033***	-0.033***	-0.035***	-0.037***	-0.037***
	(0.001)	(0.005)	(0.004)	(0.004)	(0.007)	(0.008)
社会地位	-0.033***	-0.032***	-0.032***	-0.033***	-0.033*	-0.033
	(0.003)	(0.013)	(0.010)	(0.010)	(0.018)	(0.021)
社会信任	-0.011***	-0.012*	-0.012**	-0.011**	-0.011	-0.010
	(0.002)	(0.007)	(0.005)	(0.005)	(0.009)	(0.011)
人口抚养比	0.248***	0.241***	0.243***	0.248***	0.253***	0.254**
	(0.017)	(0.069)	(0.055)	(0.054)	(0.098)	(0.118)
户主年龄	-0.024***	-0.021**	-0.022***	-0.024***	-0.026*	-0.026
	(0.003)	(0.010)	(0.008)	(0.008)	(0.014)	(0.017)
户主年龄平方	0.000***	0.000**	0.000***	0.000***	0.000*	0.000
	(0.000)	(0.000)	(0.000)	(0.000)	(0.000)	(0.000)
户主婚姻状况	0.082***	0.075	0.077*	0.082*	0.087	0.089
	(0.013)	(0.056)	(0.045)	(0.044)	(0.080)	(0.096)

续表

变量	面板双向固定效应	面板分位数回归				
		0.1	0.25	0.5	0.75	0.9
户主性别	-0.048***	-0.048**	-0.048***	-0.048***	-0.047	-0.047
	(0.005)	(0.022)	(0.017)	(0.017)	(0.031)	(0.037)
生活用水	-0.009	-0.013	-0.012	-0.009	-0.006	-0.005
	(0.007)	(0.028)	(0.022)	(0.022)	(0.040)	(0.048)
做饭燃料	-0.175***	-0.175***	-0.175***	-0.175***	-0.175***	-0.175***
	(0.007)	(0.026)	(0.020)	(0.020)	(0.036)	(0.044)
耕地	0.078***	0.067	0.070**	0.078**	0.086	0.089
	(0.010)	(0.043)	(0.034)	(0.034)	(0.060)	(0.073)
金融产品	-0.161***	-0.171	-0.168	-0.161	-0.154	-0.152
	(0.045)	(0.168)	(0.132)	(0.131)	(0.237)	(0.285)
住房	0.061***	0.061	0.061**	0.061**	0.060	0.060
	(0.009)	(0.038)	(0.030)	(0.030)	(0.054)	(0.065)
汽车	-0.150***	-0.154***	-0.153***	-0.150***	-0.147***	-0.146***
	(0.008)	(0.031)	(0.025)	(0.024)	(0.044)	(0.053)
观测值	3956	3956	3956	3956	3956	3956
家庭固定效应	控制	控制	控制	控制	控制	控制
时间固定效应	控制	控制	控制	控制	控制	控制

注: *、**、***分别表示在10%、5%、1%水平上表现显著;括号内为相应的标准差。

表 5-6　人力资本对中部地区农村家庭相对贫困脆弱性的影响

变量	面板双向固定效应	面板分位数回归				
		0.1	0.25	0.5	0.75	0.9
劳动力迁移	−0.301***	−0.312***	−0.309***	−0.302***	−0.293***	−0.290***
	(0.007)	(0.069)	(0.056)	(0.040)	(0.057)	(0.069)
健康	−0.029***	−0.030	−0.030	−0.029*	−0.029	−0.028
	(0.003)	(0.027)	(0.022)	(0.015)	(0.022)	(0.027)
工作经验	−0.001	−0.000	−0.000	−0.001	−0.001	−0.001
	(0.000)	(0.004)	(0.004)	(0.002)	(0.004)	(0.004)
教育	−0.031***	−0.031**	−0.031***	−0.031***	−0.030**	−0.030**
	(0.002)	(0.015)	(0.012)	(0.008)	(0.012)	(0.015)
社会网络	−0.034***	−0.032**	−0.032***	−0.034***	−0.035***	−0.036***
	(0.001)	(0.013)	(0.010)	(0.007)	(0.010)	(0.013)
社会地位	−0.030***	−0.033	−0.032	−0.030	−0.028	−0.027
	(0.004)	(0.033)	(0.027)	(0.019)	(0.027)	(0.033)
社会信任	−0.008***	−0.009	−0.009	−0.008	−0.008	−0.007
	(0.002)	(0.017)	(0.014)	(0.010)	(0.014)	(0.017)
人口抚养比	0.301***	0.290	0.293**	0.300***	0.309**	0.312*
	(0.020)	(0.180)	(0.147)	(0.103)	(0.149)	(0.180)
户主年龄	−0.025***	−0.025	−0.025	−0.025**	−0.024	−0.024
	(0.002)	(0.021)	(0.017)	(0.012)	(0.017)	(0.021)
户主年龄平方	0.000***	0.000	0.000	0.000*	0.000	0.000
	(0.000)	(0.000)	(0.000)	(0.000)	(0.000)	(0.000)
户主婚姻状况	0.072***	0.072	0.072	0.072	0.073	0.073
	(0.015)	(0.130)	(0.107)	(0.075)	(0.108)	(0.130)

续表

变量	面板双向固定效应	面板分位数回归				
		0.1	0.25	0.5	0.75	0.9
户主性别	-0.035***	-0.037	-0.036	-0.035	-0.033	-0.033
	(0.006)	(0.052)	(0.043)	(0.030)	(0.044)	(0.053)
生活用水	0.006	0.000	0.002	0.006	0.011	0.012
	(0.006)	(0.055)	(0.046)	(0.032)	(0.046)	(0.056)
做饭燃料	-0.192***	-0.193***	-0.193***	-0.192***	-0.191***	-0.191***
	(0.007)	(0.061)	(0.050)	(0.035)	(0.051)	(0.061)
耕地	0.079***	0.078	0.078	0.079	0.079	0.079
	(0.014)	(0.126)	(0.104)	(0.073)	(0.105)	(0.127)
金融产品	-0.162***	-0.210	-0.197	-0.165	-0.127	-0.114
	(0.050)	(0.427)	(0.351)	(0.246)	(0.355)	(0.429)
住房	0.059***	0.050	0.052	0.058	0.065	0.068
	(0.012)	(0.113)	(0.093)	(0.065)	(0.094)	(0.113)
汽车	-0.161***	-0.164**	-0.163***	-0.161***	-0.159***	-0.158**
	(0.007)	(0.066)	(0.054)	(0.038)	(0.055)	(0.067)
观测值	3336	3336	3336	3336	3336	3336
家庭固定效应	控制	控制	控制	控制	控制	控制
时间固定效应	控制	控制	控制	控制	控制	控制

注:*、**、***分别表示在10%、5%、1%水平上表现显著;括号内为相应的标准差。

表 5-7　人力资本对西部地区农村家庭相对贫困脆弱性的影响

变量	面板双向固定效应	面板分位数回归				
		0.1	0.25	0.5	0.75	0.9
劳动力迁移	-0.265***	-0.279***	-0.275***	-0.265***	-0.254***	-0.250***
	(0.007)	(0.030)	(0.025)	(0.014)	(0.014)	(0.018)
健康	-0.021***	-0.023**	-0.022***	-0.021***	-0.020***	-0.020***
	(0.002)	(0.010)	(0.008)	(0.005)	(0.005)	(0.006)
工作经验	-0.001*	-0.001	-0.001	-0.001	-0.001	-0.001
	(0.000)	(0.002)	(0.002)	(0.001)	(0.001)	(0.001)
教育	-0.028***	-0.030***	-0.029***	-0.028***	-0.027***	-0.027***
	(0.001)	(0.005)	(0.004)	(0.002)	(0.003)	(0.003)
社会网络	-0.025***	-0.023***	-0.024***	-0.025***	-0.027***	-0.028***
	(0.001)	(0.004)	(0.004)	(0.002)	(0.002)	(0.003)
社会地位	-0.030***	-0.030***	-0.030***	-0.030***	-0.030***	-0.030***
	(0.003)	(0.011)	(0.009)	(0.005)	(0.005)	(0.007)
社会信任	-0.010***	-0.010	-0.010**	-0.010***	-0.009***	-0.009***
	(0.001)	(0.006)	(0.005)	(0.003)	(0.003)	(0.004)
人口抚养比	0.280***	0.279***	0.279***	0.280***	0.280***	0.280***
	(0.017)	(0.073)	(0.059)	(0.034)	(0.034)	(0.043)
户主年龄	-0.021***	-0.021***	-0.021***	-0.021***	-0.020***	-0.020***
	(0.002)	(0.006)	(0.005)	(0.003)	(0.003)	(0.004)
户主年龄平方	0.000***	0.000***	0.000***	0.000***	0.000***	0.000***
	(0.000)	(0.000)	(0.000)	(0.000)	(0.000)	(0.000)
户主婚姻状况	0.089***	0.091**	0.090***	0.089***	0.088***	0.087***
	(0.010)	(0.040)	(0.033)	(0.019)	(0.019)	(0.024)

续表

变量	面板双向固定效应	面板分位数回归				
		0.1	0.25	0.5	0.75	0.9
户主性别	-0.030***	-0.033	-0.032*	-0.030***	-0.027***	-0.026**
	(0.005)	(0.021)	(0.017)	(0.010)	(0.010)	(0.013)
生活用水	-0.003	-0.013	-0.010	-0.003	0.003	0.006
	(0.006)	(0.024)	(0.020)	(0.011)	(0.011)	(0.014)
做饭燃料	-0.186***	-0.190***	-0.189***	-0.186***	-0.183***	-0.182***
	(0.006)	(0.025)	(0.021)	(0.012)	(0.012)	(0.015)
耕地	0.093***	0.096**	0.095***	0.093***	0.091***	0.090***
	(0.010)	(0.041)	(0.034)	(0.019)	(0.019)	(0.024)
金融产品	-0.193***	-0.165	-0.173	-0.193**	-0.212**	-0.220**
	(0.044)	(0.183)	(0.150)	(0.085)	(0.085)	(0.108)
住房	0.053***	0.050	0.051	0.053***	0.055***	0.056**
	(0.009)	(0.040)	(0.033)	(0.018)	(0.019)	(0.024)
汽车	-0.173***	-0.179***	-0.177***	-0.173***	-0.168***	-0.167***
	(0.007)	(0.030)	(0.024)	(0.014)	(0.014)	(0.017)
观测值	4179	4179	4179	4179	4179	4179
家庭固定效应	控制	控制	控制	控制	控制	控制
时间固定效应	控制	控制	控制	控制	控制	控制

注：*、**、***分别表示在10%、5%、1%水平上表现显著；括号内为相应的标准差。

5.4.2.2 人力资本对不同贫困状态下农村家庭相对贫困脆弱性的影响

表5-8第1~2列分别给出了人力资本总体上对我国贫困和非贫困农村家庭相对贫困脆弱性的影响。面板双向固定效应回归结果显示，人力资本指数对不同

贫困状态下农村家庭相对贫困脆弱性均有显著负向影响。人力资本指数对非贫困农村家庭相对贫困脆弱性的负向影响大于贫困农村家庭。人力资本指数每提升 1 个单位，贫困农村家庭相对贫困脆弱性下降 35.5%，非贫困农村家庭相对贫困脆弱性下降 54.9%。

表 5-8　人力资本对不同贫困状态下农村家庭相对贫困脆弱性的影响

变　量	1	2
	贫困农户	非贫困农户
人力资本指数	-0.355***	-0.549***
	(0.023)	(0.009)
社会网络	-0.019***	-0.034***
	(0.002)	(0.001)
社会地位	-0.022***	-0.033***
	(0.004)	(0.003)
社会信任	-0.009***	-0.012***
	(0.002)	(0.001)
人口抚养比	0.197***	0.278***
	(0.022)	(0.014)
户主年龄	-0.011***	-0.023***
	(0.003)	(0.002)
户主年龄平方	0.000***	0.000***
	(0.000)	(0.000)
户主婚姻状况	0.075***	0.075***
	(0.020)	(0.011)

变 量	1	2
	贫困农户	非贫困农户
户主性别	-0.030***	-0.045***
	(0.009)	(0.004)
生活用水	-0.030***	-0.011**
	(0.010)	(0.005)
做饭燃料	-0.136***	-0.195***
	(0.014)	(0.005)
耕地	0.109***	0.086***
	(0.021)	(0.009)
金融产品	-0.242	-0.173***
	(0.244)	(0.032)
住房	0.051***	0.060***
	(0.016)	(0.008)
汽车	-0.145***	-0.169***
	(0.016)	(0.005)
观测值	2518	8953
家庭固定效应	控制	控制
时间固定效应	控制	控制

注:*、**、***分别表示在10%、5%、1%水平上表现显著;括号内为相应的标准差。

表5-9和表5-10分别给出了人力资本对我国贫困和非贫困农村家庭相对贫困脆弱性的影响。首先采用面板双向固定效应模型观察人力资本对相对贫困脆弱性的整体回归结果。贫困和非贫困农村家庭回归结果分别见表5-9和表5-10的

第 1 列。回归结果表明，无论是贫困家庭还是非贫困家庭，劳动力迁移、劳动力平均受教育年限、劳动力平均健康水平和劳动力平均工作年限都有效缓解了农村家庭相对贫困脆弱性。贫困家庭和非贫困家庭人力资本四个维度（劳动力迁移、健康、工作经验、教育）的面板分位数模型与面板双向固定效应估计系数符号基本一致。东中西部地区人力资本四个维度（劳动力迁移、健康、工作经验、教育）在不同相对贫困脆弱性水平下的回归系数差别较大。

劳动力迁移对非贫困农村家庭相对贫困脆弱性的负向影响大于贫困农村家庭。劳动力迁移比例每提升 1%，非贫困农村家庭相对贫困脆弱性下降 31.0%，贫困农村家庭相对贫困脆弱性下降 21.1%。面板分位数模型估计结果显示，贫困和非贫困农村家庭劳动力迁移估计值从 0.1 到 0.9 分位数均为负数，并且随着分位数水平的提高，系数估计值逐渐变小。贫困农村家庭在 0.1、0.25 分位数的估计值大于面板双向固定效应模型的估计值，0.5 分位数的估计值约等于面板双向固定效应模型的估计值，0.75 和 0.9 分位数的估计值小于面板双向固定效应模型的估计值。非贫困农村家庭 0.1、0.25 分位数的估计值大于面板双向固定效应模型的估计值，0.5 分位数的估计值约等于面板双向固定效应模型的估计值，0.75 和 0.9 分位数的估计值小于面板双向固定效应模型的估计值。

健康对非贫困农村家庭相对贫困脆弱性的负向影响大于贫困农村家庭。劳动力平均健康水平每提升 1 个单位，非贫困农村家庭相对贫困脆弱性下降 2.7%，贫困农村家庭相对贫困脆弱性下降 1.9%。面板分位数模型估计结果显示，贫困农村家庭健康估计值从 0.1 到 0.9 分位数均为负数，并且随着分位数水平的提高，健康造成的影响逐渐变大。非贫困农村家庭健康回归系数从 0.5 到 0.9 分位数显著为负数，并且随着分位数水平的提高，健康造成的影响逐渐变大。贫困农村家庭 0.1、0.25 分位数的估计值小于面板双向固定效应模型的估计值，0.5 分位数的估计值约等于面板双向固定效应模型的估计值，0.75 和 0.9 分位数的估计值大于面板双向固定效应模型的估计值。非贫困农村家庭 0.5 分位数的估计值约等于面板双向固定效应模型的估计值，0.75 和 0.9 分位数的估计值大于面板双向固定效应模型的估计值。

工作经验只对非贫困农村家庭相对贫困脆弱性有显著负向影响。面板双向固定效应模型回归结果表明,劳动力平均工作经验每增加 1 年,非贫困农村家庭相对贫困脆弱性下降 0.1%。工作经验对非贫困农村家庭相对贫困脆弱性的影响较小。面板分位数模型估计结果显示,工作经验系数估计值在 0.5 到 0.9 分位数上均为负数,且系数大小没有变化,均为-0.001,说明工作经验对非贫困农村家庭相对贫困脆弱性的影响并不会随着相对贫困脆弱性水平的波动而变化。面板分位数模型分位点回归系数与面板双向固定效应回归系数基本相同。

教育对非贫困农村家庭相对贫困脆弱性的负向影响最大。劳动力平均受教育年限每增加 1 年,非贫困农村家庭相对贫困脆弱性下降 3.0%,贫困农村家庭相对贫困脆弱性下降 2.0%。面板分位数模型估计结果显示,贫困农村家庭和非贫困农村家庭教育估计值在 0.1 到 0.9 分位数上均为负数。随着分位数水平的提高,贫困农村家庭和非贫困农村家庭教育估计系数均逐渐变小。贫困农村家庭 0.1、0.25 分位数的估计值大于面板双向固定效应模型的估计值,0.5、0.75 分位数的估计值约等于面板双向固定效应模型的估计值,0.9 分位数的估计值小于面板双向固定效应模型的估计值。非贫困农村家庭 0.1、0.25 分位数的估计值大于面板双向固定效应模型的估计值,0.5 分位数的估计值约等于面板双向固定效应模型的估计值,0.75、0.9 分位数的估计值小于面板双向固定效应模型的估计值。

表 5-9　人力资本对贫困农村家庭相对贫困脆弱性的影响

变量	面板双向固定效应	面板分位数回归				
		0.1	0.25	0.5	0.75	0.9
劳动力迁移	-0.211***	-0.220***	-0.219***	-0.211***	-0.203***	-0.202***
	(0.013)	(0.025)	(0.022)	(0.013)	(0.014)	(0.017)
健康	-0.019***	-0.018***	-0.018***	-0.019***	-0.020***	-0.020***
	(0.004)	(0.007)	(0.006)	(0.003)	(0.004)	(0.005)

续表

变量	面板双向固定效应	面板分位数回归				
		0.1	0.25	0.5	0.75	0.9
工作经验	-0.000	0.000	0.000	-0.000	-0.001	-0.001
	(0.001)	(0.001)	(0.001)	(0.001)	(0.001)	(0.001)
教育	-0.020***	-0.021***	-0.021***	-0.020***	-0.020***	-0.019***
	(0.002)	(0.004)	(0.003)	(0.002)	(0.002)	(0.003)
社会网络	-0.020***	-0.019***	-0.019***	-0.020***	-0.021***	-0.022***
	(0.002)	(0.003)	(0.003)	(0.001)	(0.002)	(0.002)
社会地位	-0.023***	-0.021***	-0.022***	-0.023***	-0.024***	-0.025***
	(0.004)	(0.008)	(0.007)	(0.004)	(0.004)	(0.005)
社会信任	-0.008***	-0.009**	-0.009**	-0.008***	-0.008***	-0.007***
	(0.002)	(0.004)	(0.003)	(0.002)	(0.002)	(0.003)
人口抚养比	0.203***	0.200***	0.200***	0.203***	0.206***	0.207***
	(0.020)	(0.037)	(0.034)	(0.019)	(0.022)	(0.025)
户主年龄	-0.012***	-0.011**	-0.011**	-0.012***	-0.012***	-0.012***
	(0.003)	(0.005)	(0.005)	(0.003)	(0.003)	(0.003)
户主年龄平方	0.000***	0.000**	0.000**	0.000***	0.000***	0.000***
	(0.000)	(0.000)	(0.000)	(0.000)	(0.000)	(0.000)
户主婚姻状况	0.066***	0.064*	0.064**	0.066***	0.068***	0.069***
	(0.018)	(0.033)	(0.029)	(0.017)	(0.019)	(0.022)
户主性别	-0.026***	-0.030*	-0.029**	-0.026***	-0.023**	-0.022**
	(0.009)	(0.016)	(0.014)	(0.008)	(0.009)	(0.011)
生活用水	-0.024***	-0.030*	-0.029*	-0.024***	-0.019*	-0.018
	(0.009)	(0.017)	(0.015)	(0.009)	(0.010)	(0.011)

续表

变量	面板双向固定效应	面板分位数回归				
		0.1	0.25	0.5	0.75	0.9
做饭燃料	-0.137***	-0.139***	-0.139***	-0.137***	-0.135***	-0.135***
	(0.013)	(0.023)	(0.021)	(0.012)	(0.014)	(0.016)
耕地	0.110***	0.106***	0.107***	0.110***	0.114***	0.115***
	(0.017)	(0.033)	(0.030)	(0.017)	(0.019)	(0.022)
金融产品	-0.251	-0.330	-0.316	-0.252	-0.186	-0.170
	(0.216)	(0.374)	(0.336)	(0.194)	(0.220)	(0.253)
住房	0.049***	0.044	0.045*	0.049***	0.052***	0.053***
	(0.014)	(0.028)	(0.026)	(0.015)	(0.017)	(0.019)
汽车	-0.134***	-0.143***	-0.142***	-0.134***	-0.127***	-0.125***
	(0.015)	(0.026)	(0.024)	(0.014)	(0.015)	(0.018)
观测值	2518	2518	2518	2518	2518	2518
家庭固定效应	控制	控制	控制	控制	控制	控制
时间固定效应	控制	控制	控制	控制	控制	控制

注：*、**、***分别表示在10%、5%、1%水平上表现显著；括号内为相应的标准差。

表 5-10　人力资本对非贫困农村家庭相对贫困脆弱性的影响

变量	面板双向固定效应	面板分位数回归				
		0.1	0.25	0.5	0.75	0.9
劳动力迁移	-0.310***	-0.315***	-0.314***	-0.310***	-0.306***	-0.305***
	(0.005)	(0.053)	(0.045)	(0.024)	(0.015)	(0.021)

续表

变量	面板双向固定效应	面板分位数回归				
		0.1	0.25	0.5	0.75	0.9
健康	-0.027***	-0.026	-0.027	-0.027***	-0.028***	-0.028***
	(0.002)	(0.020)	(0.017)	(0.009)	(0.006)	(0.008)
工作经验	-0.001**	-0.001	-0.001	-0.001**	-0.001***	-0.001***
	(0.000)	(0.003)	(0.003)	(0.000)	(0.000)	(0.000)
教育	-0.030***	-0.031***	-0.031***	-0.030***	-0.029***	-0.029***
	(0.001)	(0.011)	(0.009)	(0.005)	(0.003)	(0.004)
社会网络	-0.035***	-0.034***	-0.034***	-0.035***	-0.036***	-0.037***
	(0.001)	(0.010)	(0.008)	(0.004)	(0.003)	(0.004)
社会地位	-0.033***	-0.034	-0.033*	-0.033***	-0.032***	-0.032***
	(0.002)	(0.024)	(0.020)	(0.011)	(0.007)	(0.009)
社会信任	-0.011***	-0.011	-0.011	-0.011*	-0.010***	-0.010**
	(0.001)	(0.012)	(0.010)	(0.006)	(0.004)	(0.005)
人口抚养比	0.300***	0.290**	0.293**	0.300***	0.308***	0.311***
	(0.013)	(0.137)	(0.115)	(0.062)	(0.040)	(0.054)
户主年龄	-0.024***	-0.024	-0.024*	-0.024***	-0.024***	-0.024***
	(0.001)	(0.015)	(0.013)	(0.007)	(0.004)	(0.006)
户主年龄平方	0.000***	0.000	0.000*	0.000***	0.000***	0.000***
	(0.000)	(0.000)	(0.000)	(0.000)	(0.000)	(0.000)
户主婚姻状况	0.084***	0.084	0.084	0.084**	0.084***	0.084**
	(0.009)	(0.095)	(0.079)	(0.042)	(0.027)	(0.037)
户主性别	-0.038***	-0.039	-0.039	-0.038**	-0.038***	-0.038**
	(0.004)	(0.040)	(0.033)	(0.018)	(0.011)	(0.016)

续表

变量	面板双向固定效应	面板分位数回归				
		0.1	0.25	0.5	0.75	0.9
生活用水	−0.006	−0.010	−0.009	−0.006	−0.003	−0.002
	(0.005)	(0.047)	(0.039)	(0.021)	(0.014)	(0.018)
做饭燃料	−0.193***	−0.195***	−0.194***	−0.193***	−0.192***	−0.191***
	(0.004)	(0.046)	(0.038)	(0.020)	(0.013)	(0.018)
耕地	0.079***	0.080	0.080	0.079**	0.079***	0.079**
	(0.008)	(0.081)	(0.068)	(0.037)	(0.023)	(0.032)
金融产品	−0.162***	−0.186	−0.180	−0.163	−0.144*	−0.138
	(0.031)	(0.297)	(0.249)	(0.133)	(0.086)	(0.116)
住房	0.062***	0.061	0.062	0.062*	0.062***	0.062**
	(0.007)	(0.076)	(0.063)	(0.034)	(0.022)	(0.030)
汽车	−0.164***	−0.170***	−0.168***	−0.164***	−0.159***	−0.157***
	(0.005)	(0.051)	(0.043)	(0.023)	(0.015)	(0.020)
观测值	8953	8953	8953	8953	8953	8953
家庭固定效应	控制	控制	控制	控制	控制	控制
时间固定效应	控制	控制	控制	控制	控制	控制

注:*、**、***分别表示在10%、5%、1%水平上表现显著;括号内为相应的标准差。

5.4.3　内生性讨论

变量内生性会导致估计结果出现偏误。首先,相对贫困脆弱性反映的是农村家庭下一时期的相对贫困状况,而人力资本反映的是农村家庭当期的人力资本状况。全书对这两个不同时间点上的变量进行分析,有助于解决反向因果造成的内生性问题。其次，遗漏变量和测量误差也可能导致潜在的内生性问题。全书采用双向固定效应模型和面板分位数模型，消除了不随时间变化而随个体变化的遗漏变量和不随个体变化但随时间变化的遗漏变量问题，这对修正遗漏变量偏差引起的内生性问题有一定帮助。但在实证模型中还是可能存在一些无法控制的干扰因素，仅仅控制个体固定效应和时间固定效应不能解决一些无法控制的因素变化对估计结果的影响。

全书采用工具变量解决潜在的内生性问题，借鉴 Rozelle 的思路，以家庭所在村庄当年的人力资本指数作为工具变量。一般而言，村庄人力资本必然与村庄里家庭的人力资本相关，同时它不直接影响单个农村家庭的相对贫困脆弱性。这一逻辑的成立需要工具变量满足相关性和排他性两个条件。表 5-11 第 2 列展示了两阶段最小二乘法估计结果。Davidson-MacKinnon 检验 p 值在 1% 的置信水平下显著为 0，意味着拒绝了农村家庭人力资本指数不存在内生性问题的原假设，表明农村家庭人力资本是内生的。在两阶段最小二乘法估计中，第一阶段回归中的 Kleibergen-Paap rk Wald F 的值为 706.34，远大于临界值 16.38，表明村庄人力资本指数这一工具变量不是弱工具变量，它与家庭人力资本变量有较强的相关性。此外，在 IV-FE 估计中，控制变量的估计系数符号和显著性水平与 FE 估计基本一致。工具变量的估计结果表明，内生性问题导致基准回归高估了人力资本对农村家庭相对贫困脆弱性的影响。人力资本对相对贫困脆弱性显著负向影响的结论依然稳健。

表 5-11　人力资本对农村家庭相对贫困脆弱性影响的 IV 估计结果

变量	IV-FE	变量	IV-FE
人力资本指数	−0.460 * * * （0.023）	做饭燃料	−0.186 * * * （0.004）
社会网络	−0.030 * * * （0.001）	耕地	0.089 * * * （0.007）

续表

变量	IV-FE	变量	IV-FE
社会地位	-0.029 * * *	金融产品	-0.176 * * *
	(0.002)		(0.020)
社会信任	-0.011 * * *	住房	0.056 * * *
	(0.001)		(0.006)
人口抚养比	0.260 * * *	汽车	-0.169 * * *
	(0.012)		(0.005)
户主年龄	-0.021 * * *	观测值	11471
	(0.001)		
户主年龄平方	0.000 * * *	家庭固定效应	控制
	(0.000)		
户主婚姻状况	0.078 * * *	时间固定效应	控制
	(0.008)		
户主性别	-0.043 * * *	Davidson-MacKinnon 检验 p 值	0.000 * * *
	(0.004)		
生活用水	-0.007 *	Kleibergen-Paap rk Wald F 值	706.34
	(0.004)		

注：*、* *、* * *分别表示在10%、5%、1%水平上表现显著；括号内为相应的标准差。

5.5　稳健性检验

本节将采用以下策略进行稳健性检验。基准回归中相对贫困标准是收入中位数的50%。笔者改变相对贫困设定标准，采用收入中位数的40%和60%作为相对贫困标准重新回归，结果见表 5-12。该表第 1~2 列采用收入中位数的 40% 作为相对贫困线标准进行回归。第 1 列是人力资本各维度对农村家庭相对贫困脆弱性的影响，第 2 列是人力资本对农村家庭相对贫困脆弱性的影响。第 3~4 列采用收入中位数的 60% 作为相对贫困线标准进行回归。第 3 列是人力资本各维度对农村家庭相对贫困脆弱性的影响，第 4 列是人力资本对农村家庭相对贫困脆弱性的影响。回归结果表明，无论是采用收入中位数的 40% 还是 60% 作为相对贫困线标准，人力资本指数以及人力资本四个维度（劳动力迁移、健康、工作经验、教育）等对农村家庭相对贫困脆弱性在 1% 置信水平上均有显著负向影响。更改相对贫困标准并未改变全书结论。表 5-12 中的回归结果表明，上文基准回归中人力资本对农村家庭贫困脆弱性影响的实证结果是稳健的。

表 5-12　人力资本对农村家庭贫困脆弱性影响的稳健性检验

变量	1	2	3	4
	相对贫困脆弱性		相对贫困脆弱性	
人力资本指数		-0.529^{***}		-0.449^{***}
		(0.007)		(0.008)
劳动力迁移	-0.297^{***}		-0.255^{***}	
	(0.004)		(0.005)	
健康	-0.024^{***}		-0.023^{***}	
	(0.002)		(0.002)	
工作经验	-0.000^{*}		-0.001^{***}	
	(0.000)		(0.000)	
教育	-0.029^{***}		-0.025^{***}	
	(0.001)		(0.001)	
社会网络	-0.036^{***}	-0.035^{***}	-0.025^{***}	-0.024^{***}
	(0.001)	(0.001)	(0.001)	(0.001)

续表

变量	1	2	3	4
	相对贫困脆弱性		相对贫困脆弱性	
社会地位	-0.030***	-0.030***	-0.027***	-0.027***
	(0.002)	(0.002)	(0.002)	(0.002)
社会信任	-0.010***	-0.012***	-0.008***	-0.009***
	(0.001)	(0.001)	(0.001)	(0.001)
人口抚养比	0.287***	0.271***	0.237***	0.225***
	(0.009)	(0.011)	(0.011)	(0.011)
户主年龄	-0.022***	-0.021***	-0.020***	-0.019***
	(0.001)	(0.001)	(0.001)	(0.001)
户主年龄平方	0.000***	0.000***	0.000***	0.000***
	(0.000)	(0.000)	(0.000)	(0.000)
户主婚姻状况	0.068***	0.060***	0.088***	0.081***
	(0.007)	(0.008)	(0.007)	(0.008)
户主性别	-0.030***	-0.035***	-0.037***	-0.042***
	(0.003)	(0.003)	(0.003)	(0.003)
生活用水	-0.002	-0.006	-0.002	-0.006
	(0.003)	(0.004)	(0.004)	(0.004)
做饭燃料	-0.168***	-0.169***	-0.170***	-0.171***
	(0.004)	(0.004)	(0.004)	(0.004)
耕地	0.057***	0.062***	0.100***	0.104***
	(0.006)	(0.007)	(0.007)	(0.007)
金融产品	-0.103***	-0.115***	-0.226***	-0.236***
	(0.029)	(0.029)	(0.026)	(0.027)

续表

变量	1	2	3	4
	相对贫困脆弱性		相对贫困脆弱性	
住房	0.047***	0.047***	0.059***	0.058***
	(0.006)	(0.006)	(0.006)	(0.007)
汽车	−0.122***	−0.128***	−0.178***	−0.182***
	(0.004)	(0.005)	(0.004)	(0.005)
观测值	11471	11471	11471	11471
家庭固定效应	控制	控制	控制	控制
时间固定效应	控制	控制	控制	控制

注: *、* *、* * *分别表示在10%、5%、1%水平上表现显著;括号内为相应的标准差。

5.6 本章小结

本章采用2014—2018年中国家庭追踪调查(CFPS)数据,以三阶段广义最小二乘法估计的参数值测量农村家庭相对贫困脆弱性。全书从教育、健康、工作经验和劳动力迁移四个维度选取人力资本指标,并运用面板双向固定效应模型和面板分位数回归模型探讨了人力资本对我国农村家庭相对贫困脆弱性的影响。我国农村家庭相对贫困特征事实表明,2014—2018年我国农村家庭相对贫困脆弱性呈逐年下降趋势。如果将全样本农村家庭按不同地区观察,就会发现西部地区农村家庭相对贫困脆弱性最高,中部地区次之,东部地区最低。如果将全样本农村家庭按不同贫困状态观察,就会发现处于相对贫困状态下的农村家庭相对贫困脆弱性高于非贫困农村家庭。

全书采用熵值法将人力资本四个维度合成人力资本指数并放入基准回归模型中。实证分析结果表明,人力资本能显著降低农村家庭相对贫困脆弱性。人力资本指数每增加1个单位,农村家庭相对贫困脆弱性降低52.1%。接着,笔者又考察了人力资本各维度对农村家庭相对贫困脆弱性的影响。面板双向固定效应模型回归结果表明，教育、健康、工作经验和劳动力迁移对农村家庭相对贫困脆弱性均存在显著负向影响。面板分位数模型回归结果显示，人力资本四个维度（教育、健康、工作经验和劳动力迁移）的估计系数与面板双向固定效应估计系数符号基本一致。从整体上看，人力资本四个维度在不同相对贫困脆弱性水平上的回归系数差别较大。面板分位数回归结果表明，在不同相对贫困脆弱性水平上，教育、健康、工作经验和劳动力迁移对农村家庭相对贫困脆弱性的影响具有差异性。随着相对贫困脆弱性的增加，劳动力迁移对农村家庭相对贫困脆弱性的影响趋于减弱，教育和工作经验对不同脆弱性程度农村家庭相对贫困脆弱性的影响没有太大差异。随着相对贫困脆弱性的增加，健康对农村家庭相对贫困脆弱性的影响先增大后减小。异质性分析结果表明：（1）无论是东部地区、中部地区还是西部地区，劳动力迁移、教育、健康和工作经验都能有效缓解农村家庭相对贫困脆弱性。劳动力迁移对东部地区农村家庭相对贫困脆弱性负向影响最大，健康、教育对中部地区农村家庭相对贫困脆弱性负向影响最大，工作经验对东中西部地区农村家庭相对贫困脆弱性负向影响基本相同。（2）无论是贫困还是非贫困农村家庭，劳动力迁移、健康、教育和工作经验都能有效降低农村家庭相对贫困脆弱性。劳动力迁移、健康、教育对非贫困农村家庭相对贫困脆弱性的负向影响超过贫困家庭，工作经验对不同贫困状况下的农村家庭相对贫困脆弱性影响差异不大。

第 6 章 社会资本对农村家庭相对贫困
动态性影响

基于前文提及的贫困动态性理论，本章利用中国家庭追踪调查（CFPS）数据，借助 Chaudhuri 对贫困脆弱性的计算方法计算了农村家庭相对贫困脆弱性，并考察了社会资本对农村家庭相对贫困脆弱性的影响。

6.1 模型构建

6.1.1 基准回归

首先估计社会资本对农村家庭相对贫困脆弱性的影响。

$$Vul_i = \beta_0 + \beta_1 SCindex_i + \gamma X_i + \varepsilon_i \tag{6-1}$$

其次估计社会资本各维度对农村家庭相对贫困脆弱性的影响。

$$Vul_i = \beta_0 + \beta_1 SN_i + \beta_2 SS_i + \beta_3 ST_t + \gamma X_i + \varepsilon_i \tag{6-2}$$

其中，被解释变量 Vul_i 表示农村家庭的相对贫困脆弱性，也就是农村家庭未来陷入相对贫困的概率。公式（6-1）中自变量 $SCindex_i$ 表示社会资本指数。公式（6-2）中自变量 SN_i 表示农村家庭的社会网络，SS_i 表示农村家庭的社会地位，ST_i 表示农村家庭的社会信任。控制变量 X_i 包括家庭特征变量、户主特征变量和村庄特征变量。

6.1.2 工具变量（IV）模型

变量内生性会导致估计结果出现偏误。首先，相对贫困脆弱性反映的是农村家庭下一时期的相对贫困状况，而社会资本反映的是农村家庭的当期社会资本状况。本书对这两个不同时间点上的变量进行分析，有助于解决反向因果造成的内生性问题。其次，遗漏变量和测量误差也可能导致潜在的内生性问题。笔者借鉴杨汝岱的做法，以家庭所在村庄当年的社会资本作为工具变量予以解决。一般而言，村庄社会资本必然与生活在村庄里的家庭拥有的社会资本相关，同时它不直接影响单个农村家庭的相对贫困脆弱性。方程组公式设定如下：

$$SCindex_i = \gamma_0 + \gamma_1 Z_i + \gamma_2 X_i + \varepsilon_i \Rightarrow \widehat{SCindex_i} \tag{6-3}$$

$$Vul_i = \alpha_0 + \alpha_1 \widehat{SCindex_i} + \alpha_2 X_i + \gamma_p + \mu_i \tag{6-4}$$

其中，公式（6-3）中 Z_i 是 $SCindex_i$ 的工具变量——村庄社会资本。在实证过程中可运用两阶段最小二乘法进行估计。第一阶段对公式（6-3）回归得到 $SCindex_i$ 的预测值 $\widehat{SCindex_i}$，第二阶段在公式（6-4）中用预测值 $\widehat{SCindex_i}$ 进行回归得出无偏估计量。

6.2　数据来源和变量选取

6.2.1　数据来源

本书使用 2018 年的 CFPS 数据，并根据研究需要删去异常样本得到 4165 个有效样本。

6.2.2　变量定义

被解释变量：相对贫困脆弱性。在实证模型公式（6-1）、公式（6-2）、公式（6-4）中为相对贫困脆弱性（Vul）。相对贫困线为农村家庭人均收入中位数的 50%。相对贫困脆弱性计算公式在第 5 章已有提及，此处不再赘述。

解释变量：社会资本。社会资本包括社会网络、社会信任和社会地位三个维度。社会网络采用 CFPS 数据中的"人情礼物支出"作为社会网络投资的关键指标。我国是传统的人情社会，人情礼物支出越高意味着该农村家庭与亲朋好友之间的互动机会越多，可视为社会网络关系越强。社会信任采用 CFPS 数据中"你对陌生人的信任程度"作为衡量指标。受访者评分越高意味着对陌生人的信任度越高。而社会地位采用 CFPS 数据中的"您在本地的社会地位如何"作为衡量指标，受访者评分越高意味着其社会地位越高。本书采用熵值法合成社会资本指数。

考虑到影响农村家庭相对贫困脆弱性的因素较多，为了更加准确地识别社会网络对农村家庭相对贫困脆弱性的影响，笔者在参考相关文献的基础上选取了个人层面、家庭层面和村庄层面的控制变量。其中，个人层面控制变量主要为户主特征，包括户主性别（男=1，女=0）、户主婚姻状况（已婚且配偶健在取值=1，否=0）、户主年龄、户主年龄平方、户主受教育年限。家庭层面为家庭资产特征。家庭层面控制变量为做饭燃料（清洁燃料=1，否=0）、生活用水（清洁用水=1，否=0）、耕地（拥有耕地=1，否=0）、住房（拥有自主产权住房=1，否=0）、金融产品（购买金融产品=1，否=0）、汽车（购买汽车=1，否=0）、教育状况（接受高等教育人口比例）、健康状况（健康人口比例）、人口抚养比。村庄层面控制变量为是否少数民族聚集区（是少数民族聚集区=1，否=0）、是否矿区（属于矿区=1，否=0）、是否有高污染企业（有高污染企业=1，否=0），以及距本县县城最近距离。具体定义和描述性统计见表6-1。

表 6-1　描述性统计

变量	变量含义	均值	标准差	最小值	最大值
相对贫困脆弱性	农村家庭未来陷入相对贫困的可能性	0.509	0.299	0	0.997
社会资本	社会资本指数	0.210	0.122	0.008	0.902
社会网络	农村家庭人情礼物支出（元）模型中取对数	7.297	2.168	0	11.16
社会地位	农村家庭成员在本地社会地位均值	3.178	0.846	1	5

续表

变量	变量含义	均值	标准差	最小值	最大值
社会信任	农村家庭成员对陌生人的信任程度均值	2.095	1.612	0	10
户主年龄	户主年龄	49.47	11.89	16	90
户主受教育年限	户主受教育年限	6.238	4.267	0	16
户主婚姻状况	已婚且配偶健在=1，否=0	0.887	0.317	0	1
户主性别	男=1，女=0	0.573	0.495	0	1
做饭燃料	清洁燃料=1，否=0	0.543	0.498	0	1
生活用水	清洁用水=1，否=0	0.633	0.482	0	1
耕地	拥有耕地=1，否=0	0.914	0.280	0	1
住房	拥有自主产权住房=1，否=0	0.897	0.304	0	1
金融产品	购买金融产品=1，否=0	0.010	0.010	0	1
汽车	购买汽车=1，否=0	0.245	0.430	0	1
家庭教育状况	接受高等教育人口比例	0.032	0.118	0	1
家庭健康状况	健康人口比例	0.209	0.251	0	1
人口抚养比	人口抚养比	0.114	0.189	0	1
少数民族聚集区	是少数民族聚集区=1，否=0	0.142	0.349	0	1
矿区	属于矿区=1，否=0	0.067	0.249	0	1
高污染企业	有高污染企业=1，否=0	0.146	0.353	0	1
距本县县城最近距离	距本县县城最近距离（里）	54.14	42.71	0	280

资料来源：北京大学中国社会科学调查中心 2018 年中国家庭追踪调查（CFPS）数据。

6.3　实证结果分析

6.3.1　基准回归结果

全书分析了社会资本对我国农村家庭相对贫困脆弱性的影响，分析结果见表 6-2。该表第 1、3 列仅纳入社会资本变量，第 2、4 列加入了户主特征、家庭特征、村庄特征等变量。

表 6-2 第 1、3 列展示了社会资本对农村家庭相对贫困脆弱性的影响。在第 1 列估计结果中，农村家庭社会资本指数（ $SCindex$ ）估计系数为-0.282，并在 1%置信水平上表现显著。社会资本能显著降低农村家庭相对贫困脆弱性。社会资本指数每提升 1 个单位，农村家庭相对贫困脆弱性会降低 28.2%。第 3 列中控制户主特征、家庭特征和村庄特征变量，此时社会资本指数的估计系数上升至-0.326，回归结果依然在 1%水平上表现显著。此时社会资本指数每增加 1 个单位，农村家庭相对贫困脆弱性会下降 32.64%，表明社会资本对农村家庭相对贫困脆弱性有显著负向影响。

表 6-2 的第 2、4 列展示了社会资本子维度对农村家庭相对贫困脆弱性的影响。在第 2 列估计结果中，社会网络、社会地位和社会信任均能显著降低农村家庭相对贫困脆弱性。社会网络每提升 1 个单位，农村家庭相对贫困脆弱性会降低 6.0%；社会地位每提升 1 个单位，农村家庭相对贫困脆弱性会降低 0.3%；社会信任每提升 1 个单位，农村家庭相对贫困脆弱性会降低 0.6%。第 4 列中控制户主特征、家庭特征和村庄特征变量。此时社会网络的估计系数下降至-0.007，社会地位的估计系数上升至-0.005，社会信任的估计系数下降至-0.005。回归结果依然在 1%水平上表现显著。

表 6-2　社会资本对农村家庭相对贫困脆弱性的影响

变量	1	2	3	4
社会资本指数	-0.282*** (0.039)		-0.326*** (0.018)	
社会网络		-0.060*** (0.004)		-0.007*** (0.002)
社会地位		-0.003** (0.001)		-0.005*** (0.001)
社会信任		-0.006*** (0.001)		-0.005*** (0.000)
户主年龄			-0.012*** (0.001)	-0.012*** (0.001)
户主年龄平方			0.000*** (0.000)	0.000*** (0.000)
户主受教育年限			-0.021*** (0.001)	-0.021*** (0.001)
户主婚姻状况			0.084*** (0.007)	0.091*** (0.007)
户主性别			-0.029*** (0.004)	-0.029*** (0.004)
生活用水			-0.045*** (0.004)	-0.045*** (0.004)
做饭燃料			-0.236*** (0.005)	-0.237*** (0.005)

续表

变量	1	2	3	4
耕地			0.133*** (0.008)	0.135*** (0.008)
金融产品			-0.119*** (0.032)	-0.124*** (0.031)
住房			0.109*** (0.007)	0.112*** (0.007)
汽车			-0.218*** (0.005)	-0.213*** (0.005)
人口抚养比			0.209*** (0.012)	0.211*** (0.012)
家庭教育状况			-0.288*** (0.030)	-0.288*** (0.029)
家庭健康状况			0.052*** (0.009)	0.051*** (0.009)
少数民族聚集区			0.167*** (0.005)	0.168*** (0.005)
矿区			0.027*** (0.009)	0.026*** (0.009)
高污染企业			-0.017*** (0.006)	-0.017*** (0.006)
距本县县城 最近距离			0.000* (0.000)	0.000** (0.000)
观测值	4165	4165	4165	4165

续表

变量	1	2	3	4
R-squared	0.036	0.145	0.800	0.861

注：＊、＊＊、＊＊＊分别表示在 10%、5%、1% 水平上表现显著；括号内为相应的标准差。

6.3.2　异质性分析

6.3.2.1　社会资本对不同地区农村家庭相对贫困脆弱性的影响

社会资本对不同地区农村家庭相对贫困脆弱性影响。见表6-3。

表6-3　社会资本对不同地区农村家庭相对贫困脆弱性的影响

变量	1	2	3	4	5	6
	东部地区	中部地区	西部地区	东部地区	中部地区	西部地区
社会资本指数	-0.437＊＊＊	-0.338＊＊＊	-0.284＊＊＊			
	(0.037)	(0.040)	(0.024)			
社会网络				-0.004	-0.012＊＊＊	-0.007＊＊＊
				(0.003)	(0.004)	(0.003)
社会地位				-0.009＊＊＊	-0.004＊＊＊	-0.004＊＊＊
				(0.001)	(0.001)	(0.001)
社会信任				-0.006＊＊＊	-0.006＊＊＊	-0.005＊＊＊
				(0.001)	(0.001)	(0.001)
户主年龄	-0.013＊＊＊	-0.010＊＊＊	-0.010＊＊＊	-0.013＊＊＊	-0.010＊＊＊	-0.010＊＊＊
	(0.002)	(0.002)	(0.002)	(0.002)	(0.002)	(0.002)
户主年龄平方	0.000＊＊＊	0.000＊＊＊	0.000＊＊＊	0.000＊＊＊	0.000＊＊＊	0.000＊＊＊
	(0.000)	(0.000)	(0.000)	(0.000)	(0.000)	(0.000)

续表

变量	1	2	3	4	5	6
	东部地区	中部地区	西部地区	东部地区	中部地区	西部地区
户主受教育年限	-0.020***	-0.022***	-0.019***	-0.020***	-0.022***	-0.019***
	(0.001)	(0.001)	(0.001)	(0.001)	(0.001)	(0.001)
户主婚姻状况	0.078***	0.093***	0.087***	0.090***	0.099***	0.093***
	(0.012)	(0.016)	(0.010)	(0.013)	(0.016)	(0.010)
户主性别	-0.040***	-0.044***	-0.015**	-0.041***	-0.043***	-0.015**
	(0.008)	(0.008)	(0.007)	(0.008)	(0.008)	(0.007)
生活用水	-0.061***	-0.054***	-0.039***	-0.061***	-0.054***	-0.039***
	(0.008)	(0.009)	(0.007)	(0.008)	(0.009)	(0.007)
做饭燃料	-0.225***	-0.230***	-0.243***	-0.226***	-0.231***	-0.244***
	(0.009)	(0.009)	(0.007)	(0.009)	(0.009)	(0.007)
耕地	0.129***	0.136***	0.139***	0.131***	0.136***	0.141***
	(0.012)	(0.020)	(0.016)	(0.011)	(0.020)	(0.016)
金融产品	-0.086**	-0.076	-0.234***	-0.093**	-0.083	-0.232***
	(0.040)	(0.077)	(0.025)	(0.040)	(0.075)	(0.025)
住房	0.104***	0.096***	0.132***	0.109***	0.097***	0.134***
	(0.012)	(0.016)	(0.012)	(0.011)	(0.016)	(0.012)
汽车	-0.214***	-0.221***	-0.210***	-0.208***	-0.214***	-0.206***
	(0.010)	(0.009)	(0.008)	(0.010)	(0.009)	(0.009)
人口抚养比	0.219***	0.190***	0.211***	0.226***	0.188***	0.214***
	(0.020)	(0.022)	(0.018)	(0.020)	(0.022)	(0.018)
家庭教育状况	-0.185***	-0.275***	-0.429***	-0.188***	-0.274***	-0.427***
	(0.043)	(0.055)	(0.065)	(0.042)	(0.054)	(0.064)

变量	1	2	3	4	5	6
	东部地区	中部地区	西部地区	东部地区	中部地区	西部地区
家庭健康状况	0.058***	0.036**	0.055***	0.057***	0.030*	0.056***
	(0.015)	(0.016)	(0.013)	(0.016)	(0.017)	(0.013)
少数民族聚集区	0.147***	0.139***	0.171***	0.150***	0.138***	0.171***
	(0.011)	(0.022)	(0.007)	(0.011)	(0.022)	(0.007)
矿区	0.016	0.033**	0.036**	0.014	0.033**	0.037**
	(0.012)	(0.015)	(0.017)	(0.012)	(0.015)	(0.017)
高污染企业	-0.020**	0.003	-0.019*	-0.018*	0.002	-0.019**
	(0.010)	(0.015)	(0.010)	(0.010)	(0.015)	(0.010)
距本县县城最近距离	-0.000	-0.000	0.000***	-0.000	-0.000	0.000***
	(0.000)	(0.000)	(0.000)	(0.000)	(0.000)	(0.000)
观测值	1475	1142	1548	1475	1142	1548
R-squared	0.765	0.802	0.822	0.848	0.870	0.866

注：*、**、***分别表示在10%、5%、1%水平上表现显著；括号内为相应的标准差。

本书探讨了不同地区社会资本对农村家庭相对贫困脆弱性的影响，回归结果见表6-3。该表第1~3列分别给出了社会资本对东中西部地区农村家庭相对贫困脆弱性的影响。可以看出，社会资本对东中西部地区农村家庭相对贫困脆弱性的负向影响均在1%置信水平上表现显著。其中，社会资本对东部地区农村家庭相对贫困脆弱性负向影响最大，其次是中部地区，西部地区受到的影响最小。第4~6列分别给出了社会资本各维度对东中西部地区农村家庭相对贫困脆弱性的影响。可以看出，社会地位、社会信任对东中西部地区农村家庭相对贫困脆弱性的负向影响均在1%置信水平上表现显著，社会网络只对中西部地区农村家庭相对贫困脆弱性有着负向影响。从回归系数大小来看，社会网络对中部地区农村家庭相对贫困脆弱性影响最大，社会地位对东部地区农村家庭相对贫困脆弱性影响最大，社会信任对东中西部地区农村家庭相对贫困脆弱性的负向影响基本相同。

6.3.2.2 社会资本对不同贫困状态下农村家庭相对贫困脆弱性的影响

表6-4展示了社会资本对不同贫困状态下农村家庭相对贫困脆弱性的影响。该表第1~2列分别给出了社会资本对不同贫困状态下农村家庭相对贫困脆弱性的影响。回归结果表明，社会资本对不同贫困状态下农村家庭相对贫困脆弱性的负向影响均在1%置信水平上表现显著。其中，社会资本对非贫困农村家庭相对贫困脆弱性的负向影响更大。第3~4列分别给出了社会资本各维度对不同贫困状态下农村家庭相对贫困脆弱性的影响。回归结果表明，社会地位和社会信任对不同贫困状态下农村家庭相对贫困脆弱性的负向影响均在1%置信水平上表现显著。社会网络只对非贫困农村家庭相对贫困脆弱性有着负向影响。从回归系数大小来看，社会地位对非贫困农村家庭相对贫困脆弱性的影响更大，社会信任对贫困和非贫困农村家庭相对贫困脆弱性的影响基本相同。

表6-4 社会资本对不同贫困状态下农村家庭相对贫困脆弱性的影响

变量	1	2	3	4
	贫困农村家庭	非贫困农村家庭	贫困农村家庭	非贫困农村家庭
社会资本指数	-0.266^{***}	-0.342^{***}		
	(0.033)	(0.021)		
社会网络			-0.004	-0.007^{***}
			(0.003)	(0.002)
社会地位			-0.002^{*}	-0.006^{***}
			(0.001)	(0.001)
社会信任			-0.005^{***}	-0.005^{***}
			(0.001)	(0.001)

续表

变量	1	2	3	4
	贫困农村家庭	非贫困农村家庭	贫困农村家庭	非贫困农村家庭
户主年龄	-0.010***	-0.011***	-0.011***	-0.011***
	(0.002)	(0.001)	(0.002)	(0.001)
户主年龄平方	0.000***	0.000***	0.000***	0.000***
	(0.000)	(0.000)	(0.000)	(0.000)
户主受教育年限	-0.017***	-0.021***	-0.017***	-0.021***
	(0.001)	(0.001)	(0.001)	(0.001)
户主婚姻状况	0.105***	0.077***	0.107***	0.085***
	(0.012)	(0.008)	(0.012)	(0.008)
户主性别	-0.020**	-0.033***	-0.019**	-0.032***
	(0.008)	(0.005)	(0.008)	(0.005)
生活用水	-0.023***	-0.051***	-0.023***	-0.050***
	(0.008)	(0.005)	(0.008)	(0.005)
做饭燃料	-0.209***	-0.236***	-0.209***	-0.238***
	(0.009)	(0.005)	(0.009)	(0.005)
耕地	0.182***	0.126***	0.182***	0.128***
	(0.016)	(0.009)	(0.016)	(0.009)
金融产品	0.006	-0.123***	0.002	-0.129***
	(0.058)	(0.032)	(0.054)	(0.031)
住房	0.148***	0.101***	0.149***	0.105***
	(0.016)	(0.008)	(0.016)	(0.008)
汽车	-0.236***	-0.209***	-0.234***	-0.203***
	(0.014)	(0.006)	(0.014)	(0.006)

续表

变量	1	2	3	4
	贫困农村家庭	非贫困农村家庭	贫困农村家庭	非贫困农村家庭
人口抚养比	0.197***	0.210***	0.197***	0.214***
	(0.019)	(0.013)	(0.019)	(0.014)
家庭教育状况	-0.620***	-0.258***	-0.625***	-0.258***
	(0.143)	(0.029)	(0.144)	(0.029)
家庭健康状况	-0.002	0.066***	-0.004	0.067***
	(0.016)	(0.010)	(0.016)	(0.010)
少数民族聚集区	0.137***	0.169***	0.137***	0.170***
	(0.009)	(0.006)	(0.009)	(0.006)
矿区	0.025	0.029***	0.025	0.028***
	(0.016)	(0.010)	(0.016)	(0.010)
高污染企业	-0.003	-0.018***	-0.003	-0.017**
	(0.013)	(0.007)	(0.013)	(0.007)
距本县县城最近距离	0.000*	0.000	0.000*	0.000
	(0.000)	(0.000)	(0.000)	(0.000)
观测值	839	3326	839	3326
R-squared	0.790	0.789	0.859	0.853

注：＊、＊＊、＊＊＊分别表示在 10%、5%、1% 水平上表现显著；括号内为相应的标准差。

6.3.3　内生性讨论

表 6-5 反映了工具变量的估计结果。在工具变量估计中，第一阶段回归中的 Kleibergen-Paap rk Wald F 的值为 560.64，远超 10% 偏误水平下的 16.38 临界值，

表明不存在弱工具变量问题。工具变量的 t 值为 23.68,通过了 1% 的显著性检验,表明农村家庭社会资本与工具变量有较强的相关性。社会资本指数的估计系数为-0.152,且在 1% 水平下表现显著,表明农村家庭社会资本指数每提升 1 个单位,农村家庭相对贫困脆弱性下降 15.2%,经济效益显著。表 6-5 的估计结果表明,社会资本能够缓解农村家庭相对贫困脆弱性。

表 6-5 社会资本对农村家庭相对贫困脆弱性影响的 IV 估计结果

变量	农村家庭相对贫困脆弱性	变量	农村家庭相对贫困脆弱性
社会资本指数	-0.152*** (0.056)	人口抚养比	0.173*** (0.011)
户主年龄	-0.012*** (0.001)	家庭教育状况	-0.314*** (0.032)
户主年龄平方	0.000*** (0.000)	家庭健康状况	0.053*** (0.009)
户主受教育年限	-0.021*** (0.001)	少数民族聚集区	0.161*** (0.005)
户主婚姻状况	0.067*** (0.007)	矿区	0.036*** (0.008)
户主性别	-0.032*** (0.004)	高污染企业	-0.017*** (0.006)
生活用水	-0.047*** (0.004)	距本县县城最近距离	0.000** (0.000)
做饭燃料	-0.232*** (0.005)	观测值	4165

续表

变量	农村家庭相对贫困脆弱性	变量	农村家庭相对贫困脆弱性
耕地	0.128*** (0.009)	一阶段估计 F 值	560.64
金融产品	-0.109*** (0.032)	一阶段工具变量 T 值	23.68***
住房	0.101*** (0.007)	R-squared	0.792
汽车	-0.228*** (0.005)		

注：*、＊＊、＊＊＊分别表示在 10%、5%、1%水平上表现显著；括号内为相应的标准差。

6.4　稳健性检验

6.4.1　研究方法

笔者采用倾向得分匹配（Propensity Score Matching，PSM）方法来对农村家庭社会资本和相对贫困脆弱性之间的关系进行稳健性检验。农村家庭的社会资本一般存在样本选择偏误问题，若采用一般的估计方法可能造成估计结果偏误，而PSM 方法能够较好地解决这一问题。由于社会资本系数是一个连续变量，因此本章依据社会资本指数的平均值将样本划分为高社会资本农村家庭（社会资本指数大于平均值）和低社会资本农村家庭（社会资本指数小于平均值）两组，采用PSM 方法检验社会资本对农村家庭相对贫困脆弱性的影响，可以得出无偏误并且有效的估计结果。

评估社会资本对农村家庭相对贫困脆弱性的影响，在基准回归中如采用 OLS

方法分析变量之间的相关性，可能会出现以下问题：第一，反事实框架（Counterfactual Framework）。任何家庭都不可能同时具有不同的社会资本水平，因此一般的回归方法难以对同一家庭在不同社会资本下的相对贫困脆弱性进行准确比较。第二，样本选择偏误（Selection Bias）。社会资本是由家庭自身经济状况、家庭成员亲友关系及自身性格等多方面因素组成的，即不同社会资本水平的农村家庭具备不同的初始条件，因而不同农村家庭的相对贫困脆弱性存在先天差异。若直接将高社会资本农村家庭和低社会资本农村家庭的相对贫困脆弱性进行比较，所得结果可能存在偏差。

因此，全书使用 PSM 方法对此加以纠正。PSM 方法试图通过匹配再抽样的方法，使观测数据尽可能地接近随机试验数据，减少观测数据的偏差。笔者在低社会资本农村家庭中找到了和高社会资本农村家庭尽可能相似的样本，并将其作为控制组与高社会资本农村家庭进行匹配，此时可以避免潜在的样本选择偏误，进行估计时能更加接近自然试验。笔者根据倾向得分值（Propensity Score）来判断试验组（Treated Group）和控制组（Control Group）中的样本是否相似。倾向得分值代表农村家庭有高社会资本的概率。影响农村家庭有高社会资本概率的变量很多，如户主特征、家庭特征等，具有这些特征的农村家庭可能有高社会资本也可能有低社会资本。在一组特征变量 X 已给定的情况下，农村家庭具有的高社会资本概率是：

$$p(X) = \Pr(D = 1 \mid X) = E(D \mid X) \tag{6-5}$$

在公式（6-5）中，D 是一个指示函数。若农村家庭有高社会资本，则 $D = 1$，所在组为高社会试验组（试验组）；否则 $D = 0$，所在组为低社会资本组（控制组）。笔者采用 logit 模型估计农村家庭的倾向得分匹配值。农村家庭 i 的倾向得分计算公式为：

$$p(X_i) = pr(D_i = 1 \mid X_i) = \frac{\exp(\beta X_i)}{1 + \exp(\beta X_i)} \tag{6-6}$$

在公式（6-6）中，X_i 是一组影响农村家庭社会资本状况的特征变量、向量。β 为相应的参数向量。通过对公式（6-6）回归获得的参数估计值可以计算出每个农村家庭拥有的高社会资本概率，即每个农村家庭的倾向得分匹配值。利用倾向得分匹配值对试验组和控制组的农村家庭样本进行匹配，并利用匹配后的数据进行比较，最后能计算出平均处理效应（Average Treatment Effect on the Treated，ATT）。计算公式如下：

$$ATT = E_{P(X)|D=1} \{ E[Y^T \mid D=1, P(X)] - E[Y^C \mid D=0, P(X)] \} \quad (6-7)$$

在公式（6-7）中，Y^T 与 Y^C 分别为高社会资本农村家庭（试验组）和低社会资本农村家庭（控制组）的结果变量，即相对贫困脆弱性。

6.4.2　检验样本匹配质量

为了确保 PSM 估计的信度和效度，需要检验样本匹配质量。进行 PSM 之前需要确保样本满足共同支撑（Common Support）假设和平衡（Balancing）假设。对共同支撑假设，笔者通过绘制试验组和控制组的匹配前后倾向得分和密度函数分布图进一步验证样本匹配是否有效。匹配前，试验组与控制组的倾向得分值概率分布相差加大；匹配后，试验组和控制组的重叠部分加大。这表明在匹配过程中，除了社会资本，试验组与控制组中的其他系统性差异被消除了，匹配质量良好，有效地解决了样本的选择性偏误问题。

大多数样本都在共同取值范围内，因此在进行倾向得分匹配时不会损失过多样本。此时匹配后的个体满足共同支撑假设。

平衡假设是指匹配后的试验组和控制组在变量特征上不存在系统性差异，两组样本的相对贫困脆弱性差异仅受到农村家庭社会资本的影响。因此，笔者对匹配后各个变量在高社会资本组和低社会资本组中的分布是否更加平衡，以及协变量的均值在两组之间是否仍有显著性差异进行检验，结果见表 6-6。从结果中可以看出，匹配后试验组和控制组协变量不存在显著的系统性差异，两组在各个特征方面相似度较高。

表 6-6　倾向得分匹配平衡性检验结果

变量	匹配类型	均值差异检验		标准化差异检验	
		试验组	控制组	偏差/%	t 统计值
户主年龄	匹配前	49.109	49.794	−5.8	−1.860
	匹配后	49.175	48.765	3.4	1.100
户主年龄平方	匹配前	2549.400	2623.900	−6.5	−2.080
	匹配后	2554.800	2514.300	3.5	1.130
户主受教育年限	匹配前	6.357	6.134	5.2	1.690
	匹配后	6.330	6.245	2.0	0.630
户主婚姻状况	匹配前	0.894	0.880	4.3	1.390
	匹配后	0.895	0.897	−0.8	−0.260
户主性别	匹配前	0.590	0.557	6.8	2.180
	匹配后	0.589	0.604	−2.9	−0.910
生活用水	匹配前	0.655	0.613	8.6	2.770
	匹配后	0.654	0.641	2.7	0.860
做饭燃料	匹配前	0.553	0.535	3.7	1.180
	匹配后	0.552	0.562	−2.1	−0.670
耕地	匹配前	0.924	0.905	6.8	2.190
	匹配后	0.924	0.928	−1.6	−0.550
金融产品	匹配前	0.012	0.008	3.3	1.080
	匹配后	0.011	0.010	1.5	0.470
住房	匹配前	0.907	0.888	6.2	2.010
	匹配后	0.909	0.915	−2.0	−0.670
汽车	匹配前	0.269	0.225	10.1	3.240
	匹配后	0.268	0.268	0.0	0.000

续表

变量	匹配类型	均值差异检验		标准化差异检验	
		试验组	控制组	偏差/%	t 统计值
人口抚养比	匹配前	0.112	0.116	-2.1	-0.670
	匹配后	0.113	0.116	-1.6	-0.520
家庭教育状况	匹配前	0.041	0.024	14.1	4.550
	匹配后	0.038	0.030	6.4	2.030
家庭健康状况	匹配前	0.190	0.226	-14.2	-4.550
	匹配后	0.191	0.186	1.8	0.580
少数民族聚集区	匹配前	0.140	0.142	-0.6	-0.180
	匹配后	0.141	0.137	1.2	0.370
矿区	匹配前	0.051	0.081	-12.1	-3.880
	匹配后	0.051	0.048	1.0	0.370
高污染企业	匹配前	0.144	0.148	-1.1	-0.360
	匹配后	0.144	0.152	-2.1	-0.670
距本县县城最近距离	匹配前	55.274	53.008	5.3	1.710
	匹配后	55.094	55.324	-0.5	-0.170

6.4.3　结果分析

本书采用匹配后的样本检验社会资本对农村家庭相对贫困脆弱性的影响。为了结论的稳健性，本书分别使用最近邻匹配、卡尺匹配、半径匹配、核匹配、局部线性回归匹配以及马氏匹配计算平均处理效应（ATT）。不同匹配方法对匹配的质量和数量侧重点不同，没有优劣之分，PSM 估计结果见表 6-7。可以看出，估计结果相差不大，农村家庭具有高社会资本能够显著降低相对贫困脆弱性。高社会资本农村家庭比低社会资本农村家庭相对贫困脆弱性低 5.5%~7.9%，且都在 1% 统计水平上表现显著，也就是说社会资本使得农村家庭未来陷入相对贫困脆弱性的概率下降了 5.5%~7.9%。匹配结果说明，社会资本对农村家庭相对贫困脆弱性的负向影响是稳定存在的。总之，在考虑样本自身选择偏误问题后，提升社会资本有助于降低农村家庭相对贫困脆弱性。这也说明了全书结论的稳健性。

表 6-7　倾向得分匹配法估计结果

匹配方法	组别	试验组	控制组	ATT	标准差	t 值
最近邻匹配	匹配前	0.458	0.556		0.009	-10.720
（k=1）	匹配后	0.459	0.530	-0.071***	0.012	-5.770
最近邻匹配	匹配前	0.458	0.556		0.009	-10.720
（k=4）	匹配后	0.459	0.527	-0.068***	0.010	-6.620
卡尺匹配	匹配前	0.458	0.556		0.009	-10.720
（带宽=0.01）	匹配后	0.460	0.527	-0.067***	0.010	-6.580
半径匹配	匹配前	0.458	0.556		0.009	-10.720
（半径=0.01）	匹配后	0.460	0.530	-0.070***	0.009	-7.490
核匹配	匹配前	0.458	0.556		0.009	-10.720
	匹配后	0.459	0.538	-0.079***	0.009	-8.450
局部线性	匹配前	0.458	0.556		0.009	-10.720
回归匹配	匹配后	0.459	0.514	-0.055***	0.012	-4.440
马氏匹配	匹配前	0.458	0.556		0.009	-10.720
	匹配后	0.458	0.535	-0.078***	0.005	-15.770

6.5　本章小结

本章采用 2018 年中国家庭追踪调查（CFPS）数据，以三阶段广义最小二乘法估计的参数值测量农村家庭相对贫困脆弱性。本章从社会网络、社会地位和社会信任三个维度选取社会资本指标，并运用普通最小二乘法模型探讨了社会资本对我国农村家庭相对贫困脆弱性的影响。笔者采用熵值法将上述三个社会资本子维度合成社会资本指数并放入基准回归模型中进行回归。实证分析结果表明，社会资本能显著降低农村家庭相对贫困脆弱性。社会资本指数每增加1个单位，农村家庭相对贫困脆弱性降低32.6%。本书还考察了社会资本各维度对农村家庭相对贫困脆弱性的影响。回归结果表明，社会网络、社会地位和社会信任对农村家庭相对贫困脆弱性均存在显著负向影响。采用工具变量法解决了基准回归中可能存在的内生性问题。同时，考虑到基准回归中可能存在的样本选择偏误问题，采用了倾向得分匹配法进行稳健性检验。实证结果表明，基准回归结果稳健。

　　从异质性分析可以看出：（1）社会资本指数对东中西部地区农村家庭相对贫困脆弱性的负向影响均在1%置信水平上表现显著。社会资本对东部地区农村家庭相对贫困脆弱性的负向影响最大，其次是中部地区，西部地区受影响最小。社会地位、社会信任对东中西部地区农村家庭相对贫困脆弱性的负向影响均在1%置信水平上表现显著。社会网络只对中西部地区农村家庭相对贫困脆弱性有着负向影响，社会网络对中部地区农村家庭相对贫困脆弱性影响最大。社会地位对东部地区农村家庭相对贫困脆弱性影响最大。社会信任对东中西部地区农村家庭相对贫困脆弱性的负向影响基本相同。（2）社会资本对不同贫困状态下农村家庭相对贫困脆弱性的负向影响均在1%置信水平上表现显著。社会资本对非贫困农村家庭相对贫困脆弱性的负向影响更大。社会地位和社会信任对不同贫困状态下农村家庭相对贫困脆弱性的负向影响均在1%置信水平上表现显著。社会网络只对非贫困农村家庭相对贫困脆弱性有着负向影响。社会地位对非贫困农村家庭相对贫困脆弱性影响更大。社会信任对贫困和非贫困农村家庭相对贫困脆弱性的影响相同。

第7章　人力资本、社会资本对农村家庭相对贫困动态性影响作用机制

7.1　人力资本对农村家庭相对贫困动态性影响作用机制

7.1.1　模型构建

本章在第5章人力资本影响农村家庭相对贫困动态性的回归模型基础上分别引入人力资本与社会资本的交互项，以及人力资本与收入的交互项来分析人力资本对农村家庭相对贫困动态性的作用机制。回归模型如下：

$$Vul_{it} = \alpha_0 + \alpha_1 SC_{it} \times HC_{it} + \alpha_2 HC_{it} + \alpha_3 SC_{it} + \gamma X + \lambda_t + \eta_i + \varepsilon_{it} \qquad (7\text{-}1)$$

$$Vul_{it} = \beta_0 + \beta_1 HC_{it} \times INC_{it} + \beta_2 HC_{it} + \alpha_3 INC_{it} + \varphi X + \lambda_t + \eta_i + \varepsilon_{it} \qquad (7\text{-}2)$$

其中，公式（7-1）、公式（7-2）中 Vul_{it} 表示第 i 个农村家庭 t 时期的相对贫困脆弱性，HC_{it} 表示第 i 个农村家庭 t 时期的人力资本，以农村家庭教育、健康、工作经验和劳动力迁移通过熵值法合成人力资本指数进行衡量。公式（7-1）中 SC_{it} 表示第 i 个农村家庭 t 时期的社会资本，以社会网络、社会信任和社会地位通过熵值法合成社会资本指数进行衡量。$SC_{it} \times HC_{it}$ 为人力资本与社会资本的交互项。公式（7-2）中 INC_{it} 表示第 i 个农村家庭 t 时期的人均收入对数，$HC_{it} \times INC_{it}$ 为人力资本与家庭人均收入对数的交互项。X 为一系列控制变量，包括家庭特征变量、户主特征变量和村庄特征变量。η_i 是个体固定效应，控制农村家庭不随时间改变的遗漏变量问题。λ_t 是时间固定效应，控制农村家庭在时间趋势上的异质性。ε_{it} 是随个体和时间改变的扰动项。

7.1.2　实证结果

表7-1是人力资本通过社会资本影响农村家庭相对贫困脆弱性作用机制的实证分析结果。

第 1 列仅纳入人力资本与社会资本交互项、人力资本以及社会资本变量。第 2 列加入了户主特征、家庭特征、村庄特征等控制变量。在第 1 列估计结果中，农村家庭人力资本与社会资本交互项的估计系数为-0.472，并在 1% 置信水平上表现显著。第 2 列显示在控制户主特征、家庭特征和村庄特征变量后，农村家庭人力资本与社会资本交互项的估计系数上升至-0.487，回归结果依然在 1% 置信水平上表现显著。结果说明农村家庭社会资本水平越高，人力资本对农村家庭相对贫困脆弱性的缓解效应越大，人力资本通过社会资本影响农村家庭相对贫困动态性的作用机制是存在的。

表 7-1　人力资本通过社会资本影响农村家庭相对贫困脆弱性作用机制

变量	1	2
人力资本×社会资本	-0.472***	-0.487***
	(0.074)	(0.061)
人力资本	-0.399***	-0.378***
	(0.024)	(0.020)
社会资本	-0.204***	-0.164***
	(0.032)	(0.025)
户主年龄		-0.021***
		(0.001)
户主年龄平方		0.000***
		(0.000)
户主婚姻状况		0.071***
		(0.010)
户主性别		-0.042***
		(0.004)
人口抚养比		0.255***
		(0.012)

续表

变量	1	2
生活用水		−0.004
		(0.005)
做饭燃料		−0.188***
		(0.005)
耕地		0.086***
		(0.008)
金融产品		−0.169***
		(0.031)
住房		0.055***
		(0.008)
汽车		−0.171***
		(0.005)
观测值	11471	11471
家庭固定效应	控制	控制
时间固定效应	控制	控制

注：*、**、***分别表示在10%、5%、1%水平上表现显著；括号内为相应的标准差。

表7-2是人力资本通过收入影响农村家庭相对贫困脆弱性作用机制的实证分析结果。第1列仅纳入人力资本与收入交互项、人力资本以及收入变量。第2列加入了户主特征、家庭特征、村庄特征等控制变量。在第1列估计结果中，农村家庭人力资本与收入交互项的估计系数为−0.047，并在1%置信水平上表现显著。第2列显示在控制户主特征、家庭特征和村庄特征变量后，农村家庭人力资本与社会资本交互项的估计系数下降至−0.036，回归结果依然在1%置信水平上

表现显著。结果说明农村家庭收入水平越高，人力资本对农村家庭相对贫困脆弱性的缓解效应越大，人力资本通过收入影响农村家庭相对贫困动态性的作用机制是存在的。

表 7-2　人力资本通过收入影响农村家庭相对贫困脆弱性作用机制

变量	1	2
人力资本×收入	-0.047***	-0.036***
	(0.011)	(0.008)
人力资本	-0.513***	-0.507***
	(0.011)	(0.008)
收入	-0.029***	-0.016***
	(0.003)	(0.002)
户主年龄		-0.021***
		(0.001)
户主年龄平方		0.000***
		(0.000)
户主婚姻状况		0.075***
		(0.009)
户主性别		-0.042***
		(0.003)
人口抚养比		0.261***
		(0.011)
社会网络		-0.030***
		(0.001)

续表

变量	1	2
社会地位		-0.030***
		(0.002)
社会信任		-0.011***
		(0.001)
生活用水		-0.007*
		(0.004)
做饭燃料		-0.184***
		(0.004)
耕地		0.089***
		(0.007)
金融产品		-0.175***
		(0.029)
住房		0.055***
		(0.007)
汽车		-0.168***
		(0.005)
观测值	11471	11471
家庭固定效应	控制	控制
时间固定效应	控制	控制

注:*、* *、* * *分别表示在 10%、5%、1%水平上表现显著;括号内为相应的标准差。

7.1.3　稳健性检验

第五章回归中相对贫困标准是收入中位数的 50%。笔者改变相对贫困设定标准，采用收入中位数的 40% 和 60% 作为相对贫困标准重新回归，结果见表 7-3 和表 7-4。两表的第 1 列是采用收入中位数的 40% 作为相对贫困线标准进行回归的结果，第 2 列是采用收入中位数的 60% 作为相对贫困线标准进行回归的结果，表明无论是采用收入中位数的 40% 还是 60% 作为相对贫困标准，人力资本都能通过社会资本和收入影响农村家庭相对贫困脆弱性。更改相对贫困标准并不能改变全书结论，人力资本通过社会资本和收入影响农村家庭相对贫困动态性的作用机制是稳健的。

表 7-3　社会资本机制影响农村家庭相对贫困动态性的稳健性检验

变　量	1 以收入中位数的 40% 为标准	2 以收入中位数的 60% 为标准
人力资本×社会资本	-0.156** (0.063)	-0.669*** (0.057)
人力资本	-0.485*** (0.020)	-0.251*** (0.019)
社会资本	-0.315*** (0.027)	-0.041* (0.023)
户主年龄	-0.021*** (0.001)	-0.019*** (0.001)
户主年龄平方	0.000*** (0.000)	0.000*** (0.000)
户主婚姻状况	0.054*** (0.010)	0.078*** (0.009)

续表

变　量	1	2
	以收入中位数的40%为标准	以收入中位数的60%为标准
户主性别	−0.034***	−0.041***
	(0.004)	(0.004)
人口抚养比	0.263***	0.221***
	(0.012)	(0.012)
生活用水	−0.003	−0.003
	(0.005)	(0.004)
做饭燃料	−0.172***	−0.173***
	(0.005)	(0.004)
耕地	0.058***	0.103***
	(0.008)	(0.008)
金融产品	−0.108***	−0.229***
	(0.032)	(0.029)
住房	0.045***	0.058***
	(0.008)	(0.007)
汽车	−0.132***	−0.184***
	(0.005)	(0.005)
观测值	11471	11471
家庭固定效应	控制	控制
时间固定效应	控制	控制

注：*、**、***分别表示在10%、5%、1%水平上表现显著；括号内为相应的标准差。

表 7-4　收入机制影响农村家庭相对贫困动态性的稳健性检验

变　量	1 以收入中位数的 40% 为标准	2 以收入中位数的 60% 为标准
人力资本×收入	0.021***	−0.070***
	(0.008)	(0.008)
人力资本	−0.518***	−0.435***
	(0.008)	(0.008)
收入	−0.014***	−0.015***
	(0.002)	(0.002)
户主年龄	−0.020***	−0.018***
	(0.001)	(0.001)
户主年龄平方	0.000***	0.000***
	(0.000)	(0.000)
户主婚姻状况	0.060***	0.079***
	(0.008)	(0.008)
户主性别	−0.034***	−0.042***
	(0.003)	(0.003)
人口抚养比	0.270***	0.227***
	(0.011)	(0.011)
社会网络	−0.035***	−0.024***
	(0.001)	(0.001)
社会地位	−0.030***	−0.026***
	(0.002)	(0.002)
社会信任	−0.012***	−0.009***
	(0.001)	(0.001)

续表

变　量	1	2
	以收入中位数的40%为标准	以收入中位数的60%为标准
生活用水	-0.006	-0.006
	(0.004)	(0.004)
做饭燃料	-0.168***	-0.169***
	(0.004)	(0.004)
耕地	0.063***	0.105***
	(0.007)	(0.007)
金融产品	-0.112***	-0.237***
	(0.029)	(0.028)
住房	0.046***	0.057***
	(0.007)	(0.007)
汽车	-0.129***	-0.181***
	(0.005)	(0.005)
观测值	11471	11471
家庭固定效应	控制	控制
时间固定效应	控制	控制

注: *、* *、* * *分别表示在10%、5%、1%水平上表现显著; 括号内为相应的标准差。

7.2 社会资本对农村家庭相对贫困动态性影响作用机制

7.2.1 模型构建

本章在第 6 章社会资本影响农村家庭相对贫困动态性的回归模型基础上，引入中介变量来分析社会资本对农村家庭相对贫困动态性的作用机制。中介变量是指，解释变量 X 通过影响变量 M 来影响被解释变量 Y。此处变量 M 可称为中介变量（mediation variable）。中介效应是一种间接效应。本书在第 6 章社会资本影响农村家庭相对贫困动态性的回归模型基础上，参考 Baron 提出的中介效应（mediation effect）模型，并结合 Bootstrap 法检验劳动力迁移在社会资本影响农村家庭相对贫困脆弱性过程中的传导机制。

$$Vul_i = \alpha_0 + \alpha_1 SC_i + \alpha_2 X_i + \varepsilon_i \qquad (7-3)$$

$$labor_i = \beta_0 + \beta_1 SC_i + \beta_2 X_i + \varepsilon_i \qquad (7-4)$$

$$Vul_i = \gamma_0 + \gamma_1 SC_i + \gamma_2 labor_i + \gamma_3 X_i + \varepsilon_i \qquad (7-5)$$

其中，公式（7-3）为基准回归，公式（7-4）为加入了中介变量劳动力迁移后的回归，公式（7-5）是在模型中引入了中介变量劳动力迁移。上述公式中，Vul_i 表示第 i 个农村家庭的相对贫困脆弱性，SC_i 表示第 i 个农村家庭的社会资本，包括社会网络、社会信任和社会地位。$labor_i$ 表示第 i 个农村家庭的劳动力迁移人数。该变量根据 CFPS 问卷中"是否外出务工"问题计算而来。X_i 为一系列控制变量，包括家庭特征变量、户主特征变量和村庄特征变量。ε_i 为扰动项。

学界主要采用三种方法检验中介效应。（1）逐步回归法。Baron 于 1986 年首次提出。该方法分为以下几个步骤：1）检验公式（7-3）中社会资本对农村家庭相对贫困脆弱性总效应 α_1 的显著性。2）检验公式（7-4）、公式（7-5）中 $\beta_1 \times \gamma_2$ 的显著性。3）检验公式（7-5）中变量社会资本系数 γ_1。检验结果可能出现以下几种情形：①完全中介效应。系数 α_1、β_1 和 γ_2 同时显著，γ_1 不显著。此时称劳动力迁移是影响农村家庭相对贫困脆弱性的完全中介效应。②部分中介效应。系数 α_1、β_1、γ_1 和 γ_2 同时显著，此时称劳动力迁移是影响农村家庭相对贫困脆弱性的部分中介效应。若系数 α_1、β_1 中至少有一个不显著，则需要做 Sobel 检验。若检验结果中 Z 值显著，则中介效应显著；反之则不显著。

然而，近年来有学者对逐步回归法提出了质疑。首先，认为逐步回归法主效应存在是中介效应存在的基本前提。但是 Mackinnon、Zhao 认为主效应是否显著并不会影响中介效应的存在，因为在自变量影响因变量的过程中可能存在多个中介路径。当这些中介变量与影响因变量的作用相反时，中介效应互相抵消，导致观察不到主效应的显著性。其次，Baron 认为完全中介才能代表中介效应存在，而部分中介不能代表。但是 Iacobucci 不同意 Baron 的观点，他认为如果中介效应存在并且计算正确，则大部分结果均为部分中介效应。再次，逐步回归法还存在检验程序不合理、检验方法缺乏有效性等问题。

（2）马尔可夫链蒙特卡罗（Markov Chain Monte Carlo，MCMC）法。通过计算机模拟从总体抽取大量随机样本的计算方法统称为蒙特卡罗（Monte Carlo，MC）法。在计量经济学中，常常使用 MC 法来确定统计量的小样本性质。MCMC 法是基于贝叶斯统计（Bayes statistics）将马尔科夫链引入到蒙特卡罗模型中。事实上，逐步回归法中对系数乘积 $\beta_1 \times \gamma_2$ 进行显著性检验是检验中介效应的核心内容，但在实际操作中是以对 β_1 和 γ_2 依次进行显著性检验替代。这样做可能会出现 $\beta_1 \times \gamma_2$ 显著但是 β_1 和 γ_2 不显著的情形。Mackinnon 认为，虽然 Sobel 检验法处理结果优于逐步检验法，但是 Sobel 检验需要满足估计值 β_1、γ_2 都符合正态分布的要求。强假设容易给 Sobel 检验结果带来误差，因此有学者试图用 MCMC 法检验中介效应。但因为 MCMC 法本身是一种比较复杂的方法，导致较少学者使用该方法检验中介效应。

（3）Bootstrap 检验法。MCMC 法虽然有很大的威力，但必须对总体模型（即数据生成过程）作出很具体的假定，如需确定所有参数的取值以及所有解释变量与扰动项的概率分布。但严格说来，得到的结论仅适用于那个特定的数据生成过程。因此，可以用 Bootstrap 法对原始样本进行有放回的抽样（resampling with replacement）。Hayaes 认为，Bootstrap 法没有样本分布限制，且计算系数乘积的置信区间更加精确，比 Sobel 检验效果更好。本书在逐步回归法的基础上，结合 Bootstrap 法检验农村劳动力迁移的中介效应。检验原理如下：1）对样本进行有放回地随机重复抽样生成 Bootstrap 样本。2）基于该样本计算中介效应估计值 $\hat{\beta}_1$、$\hat{\gamma}_2$。3）重复上述步骤 500 次并计算中介效应的估计点值，同时把 500 个中介效应估计值按照数值大小进行排列，并将 0.025 分位数和 0.975 分位数作为区间最小值和最大值组成一个 $\hat{\beta}_1$、$\hat{\gamma}_2$ 的 95% 置信区间。若区间包括 0，则表示 $\hat{\beta}_1$ × $\hat{\gamma}_2$ 显著。

7.2.2　实证结果

7.2.2.1　社会资本影响农村家庭相对贫困脆弱性的中介效应

表 7-5 是社会资本对农村家庭相对贫困脆弱性的中介效应分析结果。第 1~2 列是公式（7-3）的估计结果。第 1 列是在公式（7-3）中只加入变量社会资本的回归结果，第 2 列是加入变量社会资本与其他控制变量的回归结果。社会资本每增加 1 个单位，农村家庭未来陷入贫困的概率将下降 32.6%。控制变量加入与否，社会资本在 1% 置信水平上对农村家庭相对贫困脆弱性影响的总效应显著。第 3~4 列是公式（7-4）的估计结果。第 3 列是在公式（7-4）中只加入变量社会资本的回归结果，第 4 列是加入变量社会资本与其他控制变量的回归结果。社会资本每增加 1 个单位，农村家庭劳动力迁移人数将上升 137.1%。控制变量加入与否，社会资本指数的回归系数均在 1% 置信水平上显著为正，表明社会资本能够显著促进农村家庭的劳动力迁移。第 5~6 列是公式（7-5）的估计结果。第 5 列是在公式（7-5）中只加入社会资本和劳动力迁移的回归结果，第 6 列是在公式（7-5）中加入变量社会资本、劳动力迁移以及其他控制变量的回归结果。社会资本每增加 1 个单位，农村家庭未来陷入贫困的概率将下降 30.9%。控制变量加入与否，社会资本的回归系数均在 1% 置信水平上显著为负，说明社会资本影响农村家庭相对贫困脆弱性的间接效应显著。

表 7-5　社会资本影响农村家庭相对贫困脆弱性的中介效应

变量	1	2	3	4	5	6
	相对贫困脆弱性		劳动力迁移		相对贫困脆弱性	
社会资本指数	-0.282***	-0.326***	1.328***	1.371***	-0.197***	-0.309***
	(0.039)	(0.018)	(0.115)	(0.120)	(0.039)	(0.019)
劳动力迁移				-0.064***	-0.012***	
				(0.006)	(0.003)	
户主年龄		-0.012***		-0.021***		-0.012***
		(0.001)		(0.007)		(0.001)
户主年龄平方		0.000***		0.000**		0.000***
		(0.000)		(0.000)		(0.000)
户主受教育年限		-0.021***		0.006**		-0.021***
		(0.001)		(0.003)		(0.001)
户主婚姻状况		0.084***		-0.041		0.083***
		(0.007)		(0.039)		(0.007)
户主性别		-0.029***		-0.020		-0.029***
		(0.004)		(0.026)		(0.004)
生活用水		-0.045***		0.038		-0.045***
		(0.004)		(0.025)		(0.004)
做饭燃料		-0.236***		0.063**		-0.235***
		(0.005)		(0.027)		(0.005)
耕地		0.133***		-0.105**		0.132***
		(0.008)		(0.048)		(0.008)
金融产品		-0.119***		-0.050		-0.120***
		(0.032)		(0.113)		(0.032)

续表

变量	1	2	3	4	5	6
	相对贫困脆弱性		劳动力迁移		相对贫困脆弱性	
住房	0.109***		0.003		0.109***	
	(0.007)		(0.039)		(0.007)	
汽车	-0.218***		0.062*		-0.218***	
	(0.005)		(0.033)		(0.005)	
人口抚养比	0.209***		-0.299***		0.205***	
	(0.012)		(0.063)		(0.012)	
家庭教育情况	-0.288***		0.201*		-0.285***	
	(0.030)		(0.106)		(0.030)	
家庭健康情况	0.052***		-0.057		0.051***	
	(0.009)		(0.049)		(0.009)	
少数民族聚集区	0.167***		-0.101***		0.166***	
	(0.005)		(0.036)		(0.005)	
矿区	0.027***		-0.097**		0.025***	
	(0.009)		(0.043)		(0.009)	
高污染企业	-0.017***		0.041		-0.016***	
	(0.006)		(0.038)		(0.006)	
距本县县城最近距离	0.000*		-0.001***		0.000	
	(0.000)		(0.000)		(0.000)	
观测值	4165	4165	4165	4165	4165	4165
R-squared	0.013	0.795	0.040	0.076	0.043	0.796

注：*、**、***分别表示在10%、5%、1%水平上表现显著；括号内为相应的标准差。

　　表 7-5 的第 2 列、第 6 列分别表明农村家庭社会资本影响其相对贫困脆弱性的总效应及直接效应显著。笔者采用 Bootstrap 方法检验间接效应 $\beta_1 \times \gamma_2$ 的显著性，抽样次数设定为 500 次，验证结果见表 7-6。从第 4 列可以看出 $\beta_1 \times \gamma_2$ 的置信区间为 [-0.025，-0.009]，显然不包括 0，因此中介效应成立。根据表 7-6 中展示的估计结果，笔者绘制了社会资本与劳动力迁移对农村家庭相对贫困脆弱性的影响路径示意图（见图 7-1）。在控制其他变量的基础上，社会资本对农村家庭相对贫困脆弱性的直接影响系数为 -0.309，间接影响系数为 -0.017。劳动力迁移人数对农村家庭相对贫困脆弱性的间接效应占总效应比重的 5.21%。

表 7-6　社会资本系数乘积的中介效应检验

	估计系数	Bootstrap 标准误	P value	95%置信区间
$\beta_1 \times \gamma_2$	-0.017	0.000	0.000	[-0.025，-0.009]

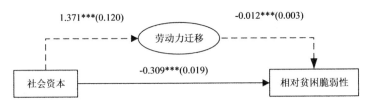

图 7-1　社会资本与劳动力迁移对相对贫困脆弱性的影响路径

7.2.2.2　社会网络影响农村家庭相对贫困脆弱性的中介效应

　　表 7-7 是社会网络对农村家庭相对贫困脆弱性的中介效应分析结果。第 1~2 列是公式（7-3）的估计结果。第 1 列是只加入社会网络的回归结果，第 2 列是加入变量社会网络与其他控制变量的回归结果。社会网络每增加 1 个单位，农村家庭未来陷入贫困的概率将下降 1.2%。控制变量加入与否，社会网络在 1% 置信水平上对农村家庭相对贫困脆弱性影响的总效应显著。第 3~4 列是公式（7-4）的估计结果。第 3 列是只加入变量社会网络的回归结果，第 4 列是加入变量社会网络与其他控制变量的回归结果。社会资本每增加 1 个单位，农村家庭劳动力迁

移人数将上升 8.1%。控制变量加入与否，社会网络的回归系数均在 1% 置信水平上显著为正，表明社会网络能够显著促进农村家庭的劳动力迁移。第 5~6 列是公式 (7-5) 的估计结果。第 5 列是只加入社会网络和劳动力迁移的回归结果，第 6 列是加入变量社会网络、劳动力迁移以及其他控制变量的回归结果。社会网络每增加 1 个单位，农村家庭未来陷入贫困的概率将下降 1.0%。控制变量加入与否，社会网络的回归系数均在 1% 置信水平上显著为负，说明社会网络影响农村家庭相对贫困脆弱性的间接效应显著。

表 7-7 　社会网络影响农村家庭相对贫困脆弱性的中介效应

变量	1	2	3	4	5	6
	相对贫困脆弱性		劳动力迁移		相对贫困脆弱性	
社会网络	-0.061***	-0.012***	0.101***	0.081***	-0.055***	-0.010***
	(0.004)	(0.002)	(0.010)	(0.011)	(0.004)	(0.002)
劳动力迁移					-0.058***	-0.020***
					(0.006)	(0.003)
户主年龄		-0.012***		-0.020***		-0.012***
		(0.001)		(0.007)		(0.001)
户主年龄平方		0.000***		0.000**		0.000***
		(0.000)		(0.000)		(0.000)
户主受教育年限		-0.020***		0.002		-0.020***
		(0.001)		(0.003)		(0.001)
户主婚姻状况		0.072***		-0.005		0.071***
		(0.007)		(0.039)		(0.007)
户主性别		-0.033***		-0.008		-0.033***
		(0.005)		(0.026)		(0.005)

续表

变量	1	2	3	4	5	6
	相对贫困脆弱性		劳动力迁移		相对贫困脆弱性	
生活用水	-0.048***		0.049*		-0.047***	
	(0.005)		(0.026)		(0.005)	
做饭燃料	-0.232***		0.048*		-0.231***	
	(0.005)		(0.027)		(0.005)	
耕地	0.125***		-0.071		0.124***	
	(0.009)		(0.049)		(0.009)	
金融产品	-0.116***		-0.058		-0.117***	
	(0.031)		(0.106)		(0.031)	
住房	0.099***		0.043		0.100***	
	(0.007)		(0.040)		(0.007)	
汽车	-0.223***		0.063*		-0.221***	
	(0.006)		(0.033)		(0.006)	
人口抚养比	0.174***		-0.154**		0.171***	
	(0.011)		(0.062)		(0.011)	
家庭教育状况	-0.327***		0.364***		-0.320***	
	(0.031)		(0.107)		(0.031)	
家庭健康状况	0.055***		-0.059		0.054***	
	(0.009)		(0.049)		(0.009)	
少数民族聚集区	0.161***		-0.078**		0.160***	
	(0.005)		(0.037)		(0.005)	
矿区	0.038***		-0.141***		0.035***	
	(0.009)		(0.043)		(0.009)	

续表

变量	1	2	3	4	5	6
	相对贫困脆弱性		劳动力迁移		相对贫困脆弱性	
高污染企业	-0.017^{***}		0.040		-0.016^{**}	
	(0.006)		(0.038)		(0.006)	
距本县县城最近距离	0.000^{**}		-0.001^{***}		0.000^{*}	
	(0.000)		(0.000)		(0.000)	
观测值	4165	4165	4165	4165	4165	4165
R-squared	0.060	0.781	0.023	0.050	0.085	0.783

注：*、**、***分别表示在 10%、5%、1%水平上表现显著；括号内为相应的标准差。

表 7-7 的第 2 列、第 6 列分别表明农村家庭社会网络影响其相对贫困脆弱性的总效应及直接效应显著。笔者采用 Bootstrap 方法检验间接效应 $\beta_1 \times \gamma_2$ 的显著性，抽样次数设定为 500 次，验证结果见表 7-8。从第 4 列可以看出，$\beta_1 \times \gamma_2$ 的置信区间为 $[-0.002, -0.001]$，显然不包含 0，因此中介效应成立。根据表 7-8 中展示的估计结果，笔者绘制了社会网络与劳动力迁移对农村家庭相对贫困脆弱性的影响路径示意图（见图 7-2）。在控制了其他变量的基础上，社会网络对农村家庭相对贫困脆弱性的直接影响系数为-0.01，间接影响系数为-0.0016。劳动力迁移人数对农村家庭相对贫困脆弱性的间接效应占总效应比重的 13.8%。

表 7-8 社会网络系数乘积的中介效应检验

	估计系数	Bootstrap 标准误	P value	95%置信区间
$\beta_1 \times \gamma_2$	-0.0016	0.000	0.000	$[-0.002, -0.001]$

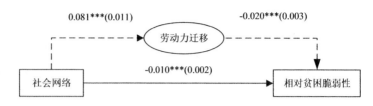

图 7-2　社会网络与劳动力迁移对相对贫困脆弱性的影响路径

7.2.2.3　社会地位影响农村家庭相对贫困脆弱性的中介效应

表 7-9 是社会地位对农村家庭相对贫困脆弱性的中介效应分析结果。第 1~2 列是公式 (7-3) 的估计结果。第 1 列是只加入变量社会地位的回归结果,第 2 列是加入变量社会地位及其他控制变量的回归结果。社会地位每增加 1 个单位,农村家庭未来陷入贫困的概率将下降 0.9%。控制变量加入与否,社会地位在 1% 置信水平上对农村家庭相对贫困脆弱性影响的总效应均显著为负。第 3~4 列是公式 (7-4) 的估计结果。第 3 列是只加入变量社会地位的回归结果,第 4 列是加入变量社会地位及其他控制变量的回归结果。社会地位每增加 1 个单位,农村家庭劳动力迁移人数将上升 5.2%。控制变量加入与否,社会地位的回归系数均在 1% 置信水平上显著为正,表明社会地位能够显著促进农村家庭的劳动力迁移。第 5~6 列是公式 (7-5) 的估计结果。第 5 列是只加入变量社会地位和劳动力迁移的回归结果,第 6 列是加入变量社会地位、劳动力迁移和其他控制变量的回归结果。社会地位每增加 1 个单位,农村家庭未来陷入贫困的概率将下降 0.8%。控制变量加入与否,社会地位的回归系数均在 1% 置信水平上显著为负,说明社会地位影响农村家庭相对贫困脆弱性的间接效应显著。

表 7-9　社会地位影响农村家庭相对贫困脆弱性的中介效应

变量	1	2	3	4	5	6
	相对贫困脆弱性		劳动力迁移		相对贫困脆弱性	
社会地位	-0.004*** (0.001)	-0.009*** (0.001)	0.046*** (0.004)	0.052*** (0.004)	-0.001 (0.001)	-0.008*** (0.001)

续表

变量	1	2	3	4	5	6
	相对贫困脆弱性		劳动力迁移		相对贫困脆弱性	
劳动力迁移					-0.069^{***}	-0.012^{***}
					(0.006)	(0.003)
户主年龄	-0.012^{***}		-0.019^{**}		-0.012^{***}	
	(0.001)		(0.007)		(0.001)	
户主年龄平方	0.000^{***}		0.000^{**}		0.000^{***}	
	(0.000)		(0.000)		(0.000)	
户主受教育年限	-0.021^{***}		0.006^{*}		-0.021^{***}	
	(0.001)		(0.003)		(0.001)	
户主婚姻状况	0.089^{***}		-0.102^{***}		0.087^{***}	
	(0.007)		(0.039)		(0.007)	
户主性别	-0.031^{***}		-0.018		-0.031^{***}	
	(0.004)		(0.025)		(0.004)	
生活用水	-0.045^{***}		0.033		-0.045^{***}	
	(0.004)		(0.025)		(0.004)	
做饭燃料	-0.237^{***}		0.077^{***}		-0.236^{***}	
	(0.005)		(0.026)		(0.005)	
耕地	0.135^{***}		-0.130^{***}		0.134^{***}	
	(0.008)		(0.048)		(0.008)	
金融产品	-0.127^{***}		0.006		-0.127^{***}	
	(0.031)		(0.119)		(0.031)	
住房	0.111^{***}		-0.026		0.111^{***}	
	(0.007)		(0.040)		(0.007)	

续表

变量	1	2	3	4	5	6
	相对贫困脆弱性		劳动力迁移		相对贫困脆弱性	
汽车		−0.217***		0.032		−0.216***
		(0.005)		(0.033)		(0.005)
人口抚养比		0.202***		−0.320***		0.198***
		(0.012)		(0.063)		(0.012)
家庭教育状况		−0.304***		0.226**		−0.301***
		(0.030)		(0.104)		(0.030)
家庭健康状况		0.057***		−0.074		0.056***
		(0.009)		(0.049)		(0.009)
少数民族聚集区		0.165***		−0.101***		0.164***
		(0.005)		(0.036)		(0.005)
矿区		0.030***		−0.095**		0.029***
		(0.009)		(0.044)		(0.009)
高污染企业		−0.017***		0.039		−0.016***
		(0.006)		(0.037)		(0.006)
距本县县城最近距离		0.000**		−0.001***		0.000*
		(0.000)		(0.000)		(0.000)
观测值	4165	4165	4165	4165	4165	4165
R-squared	0.003	0.791	0.053	0.098	0.036	0.792

注: * 、 * * 、 * * * 分别表示在10%、5%、1%水平上表现显著;括号内为相应的标准差。

表7-9的第2列、第6列分别表明农村家庭社会地位影响其相对贫困脆弱性的总效应及直接效应显著。笔者采用 Bootstrap 方法检验间接效应 $\beta_1 \times \gamma_2$ 的显著

性，抽样次数设定为500次，验证结果见表7-10。从第4列可以看出$\beta_1 \times \gamma_2$的置信区间为 [-0.009，-0.003]，显然不包括0，因此中介效应成立。根据表7-9展示的估计结果，笔者绘制了社会地位与劳动力迁移对农村家庭相对贫困脆弱性的影响路径示意图（见图7-3）。在控制其他变量的基础上，社会地位对农村家庭相对贫困脆弱性的直接影响系数为-0.01，间接影响系数为-0.0006。劳动力迁移人数对农村家庭相对贫困脆弱性的间接效应占总效应比重的7.0%。

表7-10 社会地位系数乘积的中介效应检验

	估计系数	Bootstrap 标准误	P value	95%置信区间
$\beta \times \gamma$	-0.0006	0.000	0.000	[-0.009，-0.003]

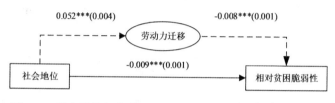

图7-3 社会地位与劳动力迁移对相对贫困脆弱性的影响路径

7.2.2.4 社会信任影响农村家庭相对贫困脆弱性的中介效应

表7-11是社会信任对农村家庭相对贫困脆弱性的中介效应分析结果。第1~2列是公式（7-3）的估计结果。第1列是只加入变量社会信任的回归结果，第2列是加入变量社会信任及其他控制变量的回归结果。社会信任每增加1个单位，农村家庭未来陷入贫困的概率下降0.7%。控制变量加入与否，社会信任回归系数均在1%置信水平上显著为负，表明社会信任对农村家庭相对贫困脆弱性的总效应显著为负。第3~4列是公式（7-4）的估计结果。第3列是只加入变量社会信任的回归结果，第4列是加入变量社会信任及其他控制变量的回归结果。社会信任每增加1个单位，农村家庭劳动力迁移人数将上升2.5%。控制变量加入与否，社会信任的回归系数均在1%置信水平上显著为正，表明社会信任能够显著促进农村家庭劳动力迁移。第5~6列是公式（7-5）的估计结果。第5列是

只加入变量社会信任和劳动力迁移的回归结果，第6列是加入变量社会地位、劳动力迁移以及其他控制变量的回归结果。社会信任每增加1个单位，农村家庭未来陷入贫困的概率将下降0.7%。控制变量加入与否，社会信任的回归系数均在1%置信水平上显著为负，说明社会信任影响农村家庭相对贫困脆弱性的间接效应显著。

表7-11　社会信任影响农村家庭相对贫困脆弱性的中介效应

变量	1	2	3	4	5	6
	相对贫困脆弱性		劳动力迁移		相对贫困脆弱性	
社会信任	-0.007***	-0.007***	0.026***	0.025***	-0.005***	-0.007***
	(0.001)	(0.000)	(0.003)	(0.003)	(0.001)	(0.000)
劳动力迁移					-0.065***	-0.015***
					(0.006)	(0.003)
户主年龄		-0.012***		-0.021***		-0.012***
		(0.001)		(0.007)		(0.001)
户主年龄平方		0.000***		0.000**		0.000***
		(0.000)		(0.000)		(0.000)
户主受教育年限		-0.021***		0.006*		-0.021***
		(0.001)		(0.003)		(0.001)
户主婚姻状况		0.077***		-0.007		0.077***
		(0.007)		(0.038)		(0.007)
户主性别		-0.030***		-0.016		-0.030***
		(0.004)		(0.026)		(0.004)
生活用水		-0.046***		0.042*		-0.045***
		(0.004)		(0.025)		(0.004)

续表

变量	1	2	3	4	5	6
	相对贫困脆弱性		劳动力迁移		相对贫困脆弱性	
做饭燃料	−0.234***		0.056**		−0.234***	
	(0.005)		(0.027)		(0.005)	
耕地	0.131***		−0.092*		0.129***	
	(0.008)		(0.048)		(0.008)	
金融产品	−0.115***		−0.067		−0.116***	
	(0.032)		(0.110)		(0.032)	
住房	0.106***		0.022		0.106***	
	(0.007)		(0.039)		(0.007)	
汽车	−0.222***		0.083**		−0.221***	
	(0.005)		(0.033)		(0.005)	
人口抚养比	0.202***		−0.254***		0.198***	
	(0.011)		(0.063)		(0.011)	
家庭教育状况	−0.293***		0.245**		−0.289***	
	(0.030)		(0.106)		(0.030)	
家庭健康状况	0.053***		−0.064		0.052***	
	(0.009)		(0.049)		(0.009)	
少数民族聚集区	0.166***		−0.093**		0.165***	
	(0.005)		(0.037)		(0.005)	
矿区	0.029***		−0.112***		0.027***	
	(0.009)		(0.043)		(0.009)	
高污染企业	−0.017***		0.042		−0.017***	
	(0.006)		(0.038)		(0.006)	

续表

变量	1	2	3	4	5	6
	相对贫困脆弱性		劳动力迁移		相对贫困脆弱性	
距本县县城最近距离		0.000*	−0.001***			0.000
		(0.000)	(0.000)			(0.000)
观测值	4165	4165	4165	4165	4165	4165
R-squared	0.012	0.792	0.026	0.061	0.043	0.793

注：*、**、***分别表示在 10%、5%、1%水平上表现显著；括号内为相应的标准差。

表 7-11 的第 2 列、第 6 列分别表明农村家庭社会信任影响其相对贫困脆弱性的总效应及直接效应显著。笔者采用 Bootstrap 方法检验间接效应 $\beta_1 \times \gamma_2$ 的显著性，抽样次数设定为 500 次，验证结果见表 7-12。从第 4 列可以看出 $\beta_1 \times \gamma_2$ 的置信区间为 [−0.005，−0.002]，显然不包括 0，因此中介效应成立。根据表 7-12 展示的估计结果，笔者绘制了社会信任与劳动力迁移对农村家庭相对贫困脆弱性的影响路径示意图（见图 7-4）。在控制其他变量的基础上，社会信任对农村家庭相对贫困脆弱性的直接影响系数为 −0.01，间接影响系数为 −0.0004。劳动力迁移人数对农村家庭相对贫困脆弱性的间接效应占总效应比重的 5.5%。

表 7-12　社会信任系数乘积的中介效应检验

	估计系数	Bootstrap 标准误	P value	95%置信区间
$\beta_1 \times \gamma_2$	−0.0004	0.000	0.000	[−0.005，−0.002]

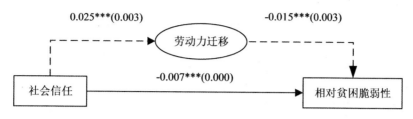

图 7-4　社会信任与劳动力迁移对相对贫困脆弱性的影响路径

7.2.3　稳健性检验

在基准回归中相对贫困标准是收入中位数的 50%。笔者改变相对贫困设定标准，以收入中位数的 40%、60% 作为相对贫困标准重新回归，结果分别见表 7-13、表 7-14、表 7-15 和表 7-16。结果显示，无论是采用收入中位数的 40% 还是 60% 作为相对贫困标准线，系数 β_1 和系数 γ_2 均在 1% 置信水平上表现显著，说明不同相对贫困标准线下社会资本影响农村家庭相对贫困线的中介效应成立。因此，社会资本中介效应检验结果是稳健的。

表 7-13　社会资本中介效应稳健性检验

变量	1	2	3	4	5	6
	以收入中位数的 40% 为相对贫困标准线			以收入中位数的 60% 为相对贫困标准线		
社会资本指数	-0.312^{***}	1.371^{***}	-0.295^{***}	-0.289^{***}	1.371^{***}	-0.276^{***}
	(0.019)	(0.120)	(0.019)	(0.017)	(0.120)	(0.018)
劳动力迁移			-0.012^{***}			-0.009^{***}
			(0.003)			(0.003)
户主年龄	-0.013^{***}	-0.021^{***}	-0.014^{***}	-0.009^{***}	-0.021^{***}	-0.009^{***}
	(0.001)	(0.007)	(0.001)	(0.001)	(0.007)	(0.001)
户主年龄平方	0.000^{***}	0.000^{**}	0.000^{***}	0.000^{***}	0.000^{**}	0.000^{***}
	(0.000)	(0.000)	(0.000)	(0.000)	(0.000)	(0.000)

续表

变量	1	2	3	4	5	6
	以收入中位数的40%为相对贫困标准线			以收入中位数的60%为相对贫困标准线		
户主受教育年限	-0.021***	0.006**	-0.021***	-0.018***	0.006**	-0.018***
	(0.001)	(0.003)	(0.001)	(0.000)	(0.003)	(0.000)
户主婚姻状况	0.060***	-0.041	0.060***	0.093***	-0.041	0.092***
	(0.007)	(0.039)	(0.007)	(0.007)	(0.039)	(0.007)
户主性别	-0.023***	-0.020	-0.023***	-0.031***	-0.020	-0.031***
	(0.004)	(0.026)	(0.004)	(0.004)	(0.026)	(0.004)
生活用水	-0.047***	0.038	-0.046***	-0.039***	0.038	-0.039***
	(0.005)	(0.025)	(0.005)	(0.004)	(0.025)	(0.004)
做饭燃料	-0.211***	0.063**	-0.210***	-0.219***	0.063**	-0.218***
	(0.005)	(0.027)	(0.005)	(0.004)	(0.027)	(0.004)
耕地	0.089***	-0.105**	0.088***	0.164***	-0.105**	0.163***
	(0.008)	(0.048)	(0.008)	(0.009)	(0.048)	(0.009)
金融产品	-0.044	-0.050	-0.045	-0.195***	-0.050	-0.195***
	(0.028)	(0.113)	(0.028)	(0.032)	(0.113)	(0.032)
住房	0.081***	0.003	0.081***	0.124***	0.003	0.124***
	(0.007)	(0.039)	(0.007)	(0.007)	(0.039)	(0.007)
汽车	-0.173***	0.062*	-0.172***	-0.227***	0.062*	-0.227***
	(0.005)	(0.033)	(0.005)	(0.005)	(0.033)	(0.005)
人口抚养比	0.200***	-0.299***	0.196***	0.189***	-0.299***	0.186***
	(0.012)	(0.063)	(0.012)	(0.011)	(0.063)	(0.011)
家庭教育状况	-0.156***	0.201*	-0.153***	-0.403***	0.201*	-0.402***
	(0.027)	(0.106)	(0.027)	(0.029)	(0.106)	(0.029)

续表

变量	1	2	3	4	5	6
	以收入中位数的40%为相对贫困标准线			以收入中位数的60%为相对贫困标准线		
家庭健康状况	0.057***	-0.057	0.056***	0.041***	-0.057	0.040***
	(0.009)	(0.049)	(0.009)	(0.008)	(0.049)	(0.008)
少数民族聚集区	0.185***	-0.101***	0.183***	0.137***	-0.101***	0.136***
	(0.006)	(0.036)	(0.006)	(0.005)	(0.036)	(0.005)
矿区	0.023***	-0.097**	0.022**	0.024***	-0.097**	0.023***
	(0.009)	(0.043)	(0.009)	(0.008)	(0.043)	(0.008)
高污染企业	-0.019***	0.041	-0.019***	-0.012**	0.041	-0.012*
	(0.006)	(0.038)	(0.006)	(0.006)	(0.038)	(0.006)
距本县县城最近距离	0.000**	-0.001***	0.000*	0.000	-0.001***	0.000
	(0.000)	(0.000)	(0.000)	(0.000)	(0.000)	(0.000)
观测值	4165	4165	4165	4165	4165	4165
R-squared	0.752	0.076	0.753	0.799	0.076	0.800

注：*、**、***分别表示在10%、5%、1%水平上表现显著；括号内为相应的标准差。

表7-14 社会网络中介效应稳健性检验

变量	1	2	3	4	5	6
	以收入中位数的40%为相对贫困标准线			以收入中位数的60%为相对贫困标准线		
社会网络	-0.014***	0.081***	-0.012***	-0.009***	0.081***	-0.007***
	(0.002)	(0.011)	(0.002)	(0.002)	(0.011)	(0.002)
劳动力迁移			-0.019***			-0.016***
			(0.003)			(0.003)

续表

变量	1	2	3	4	5	6
	以收入中位数的40%为相对贫困标准线			以收入中位数的60%为相对贫困标准线		
户主年龄	-0.014***	-0.020***	-0.014***	-0.009***	-0.020***	-0.009***
	(0.001)	(0.007)	(0.001)	(0.001)	(0.007)	(0.001)
户主年龄平方	0.000***	0.000**	0.000***	0.000***	0.000**	0.000***
	(0.000)	(0.000)	(0.000)	(0.000)	(0.000)	(0.000)
户主受教育年限	-0.020***	0.002	-0.020***	-0.018***	0.002	-0.018***
	(0.001)	(0.003)	(0.001)	(0.000)	(0.003)	(0.000)
户主婚姻状况	0.050***	-0.005	0.050***	0.081***	-0.005	0.081***
	(0.007)	(0.039)	(0.007)	(0.007)	(0.039)	(0.007)
户主性别	-0.026***	-0.008	-0.026***	-0.034***	-0.008	-0.034***
	(0.005)	(0.026)	(0.005)	(0.004)	(0.026)	(0.004)
生活用水	-0.049***	0.049*	-0.048***	-0.041***	0.049*	-0.041***
	(0.005)	(0.026)	(0.005)	(0.004)	(0.026)	(0.004)
做饭燃料	-0.207***	0.048*	-0.206***	-0.216***	0.048*	-0.215***
	(0.005)	(0.027)	(0.005)	(0.004)	(0.027)	(0.004)
耕地	0.082***	-0.071	0.081***	0.157***	-0.071	0.156***
	(0.008)	(0.049)	(0.008)	(0.009)	(0.049)	(0.009)
金融产品	-0.058	-0.043	-0.192***	-0.058	-0.193***	
	(0.027)	(0.106)	(0.028)	(0.032)	(0.106)	(0.032)
住房	0.071***	0.043	0.072***	0.115***	0.043	0.115***
	(0.007)	(0.040)	(0.007)	(0.007)	(0.040)	(0.007)
汽车	-0.175***	0.063*	-0.174***	-0.232***	0.063*	-0.231***
	(0.005)	(0.033)	(0.005)	(0.006)	(0.033)	(0.006)

续表

变量	1	2	3	4	5	6
	以收入中位数的 40% 为相对贫困标准线			以收入中位数的 60% 为相对贫困标准线		
人口抚养比	0.167***	-0.154**	0.164***	0.158***	-0.154**	0.155***
	(0.012)	(0.062)	(0.012)	(0.011)	(0.062)	(0.011)
家庭教育状况	-0.193***	0.364***	-0.186***	-0.439***	0.364***	-0.433***
	(0.028)	(0.107)	(0.028)	(0.030)	(0.107)	(0.030)
家庭健康状况	0.059***	-0.059	0.058***	0.044***	-0.059	0.043***
	(0.009)	(0.049)	(0.009)	(0.009)	(0.049)	(0.009)
少数民族聚集区	0.179***	-0.078**	0.178***	0.132***	-0.078**	0.130***
	(0.006)	(0.037)	(0.006)	(0.005)	(0.037)	(0.005)
矿区	0.034***	-0.141***	0.031***	0.034***	-0.141***	0.032***
	(0.009)	(0.043)	(0.009)	(0.008)	(0.043)	(0.008)
高污染企业	-0.019***	0.040	-0.018***	-0.012**	0.040	-0.012*
	(0.006)	(0.038)	(0.006)	(0.006)	(0.038)	(0.006)
距本县县城最近距离	0.000**	-0.001***	0.000**	0.000*	-0.001***	0.000
	(0.000)	(0.000)	(0.000)	(0.000)	(0.000)	(0.000)
观测值	4165	4165	4165	4165	4165	4165
R-squared	0.738	0.050	0.741	0.787	0.050	0.789

注：*、**、***分别表示在 10%、5%、1% 水平上表现显著；括号内为相应的标准差。

表 7-15　社会信任中介效应稳健性检验

变量	1	2	3	4	5	6
	以收入中位数的 40% 为相对贫困标准线			以收入中位数的 60% 为相对贫困标准线		

续表

变量	1	2	3	4	5	6
	以收入中位数的40%为相对贫困标准线			以收入中位数的60%为相对贫困标准线		
社会信任	-0.006***	0.025***	-0.006***	-0.006***	0.025***	-0.006***
	(0.000)	(0.003)	(0.000)	(0.000)	(0.003)	(0.000)
劳动力迁移			-0.015***			-0.012***
			(0.003)			(0.003)
户主年龄	-0.013***	-0.021***	-0.014***	-0.009***	-0.021***	-0.009***
	(0.001)	(0.007)	(0.001)	(0.001)	(0.007)	(0.001)
户主年龄平方	0.000***	0.000**	0.000***	0.000***	0.000**	0.000***
	(0.000)	(0.000)	(0.000)	(0.000)	(0.000)	(0.000)
户主受教育年限	-0.021***	0.006*	-0.021***	-0.018***	0.006*	-0.018***
	(0.001)	(0.003)	(0.001)	(0.000)	(0.003)	(0.000)
户主婚姻状况	0.054***	-0.007	0.053***	0.087***	-0.007	0.087***
	(0.007)	(0.038)	(0.007)	(0.007)	(0.038)	(0.007)
户主性别	-0.024***	-0.016	-0.024***	-0.031***	-0.016	-0.031***
	(0.004)	(0.026)	(0.004)	(0.004)	(0.026)	(0.004)
生活用水	-0.047***	0.042*	-0.047***	-0.040***	0.042*	-0.039***
	(0.005)	(0.025)	(0.005)	(0.004)	(0.025)	(0.004)
做饭燃料	-0.209***	0.056**	-0.209***	-0.218***	0.056**	-0.217***
	(0.005)	(0.027)	(0.005)	(0.004)	(0.027)	(0.004)
耕地	0.087***	-0.092*	0.085***	0.162***	-0.092*	0.161***
	(0.008)	(0.048)	(0.008)	(0.009)	(0.048)	(0.009)
金融产品	-0.040	-0.067	-0.041	-0.191***	-0.067	-0.192***
	(0.028)	(0.110)	(0.028)	(0.032)	(0.110)	(0.032)

续表

变量	1	2	3	4	5	6
	以收入中位数的40%为相对贫困标准线			以收入中位数的60%为相对贫困标准线		
住房	0.077***	0.022	0.078***	0.121***	0.022	0.121***
	(0.007)	(0.039)	(0.007)	(0.007)	(0.039)	(0.007)
汽车	-0.177***	0.083**	-0.176***	-0.231***	0.083**	-0.230***
	(0.005)	(0.033)	(0.005)	(0.005)	(0.033)	(0.005)
人口抚养比	0.192***	-0.254***	0.188***	0.184***	-0.254***	0.181***
	(0.012)	(0.063)	(0.012)	(0.011)	(0.063)	(0.011)
家庭教育状况	-0.162***	0.245**	-0.158***	-0.407***	0.245**	-0.404***
	(0.027)	(0.106)	(0.027)	(0.029)	(0.106)	(0.029)
家庭健康状况	0.058***	-0.064	0.057***	0.041***	-0.064	0.040***
	(0.009)	(0.049)	(0.009)	(0.008)	(0.049)	(0.008)
少数民族聚集区	0.183***	-0.093**	0.182***	0.136***	-0.093**	0.135***
	(0.006)	(0.037)	(0.006)	(0.005)	(0.037)	(0.005)
矿区	0.026***	-0.112***	0.024***	0.026***	-0.112***	0.025***
	(0.009)	(0.043)	(0.009)	(0.008)	(0.043)	(0.008)
高污染企业	-0.019***	0.042	-0.019***	-0.012**	0.042	-0.012**
	(0.006)	(0.038)	(0.006)	(0.006)	(0.038)	(0.006)
距本县县城最近距离	0.000**	-0.001***	0.000*	0.000	-0.001***	0.000
	(0.000)	(0.000)	(0.000)	(0.000)	(0.000)	(0.000)
观测值	4165	4165	4165	4165	4165	4165
R-squared	0.747	0.061	0.749	0.798	0.061	0.799

注：*、**、***分别表示在10%、5%、1%水平上表现显著；括号内为相应的标准差

表 7-16　社会地位中介效应稳健性检验

变量	1	2	3	4	5	6
	以收入中位数的 40% 为相对贫困标准线			以收入中位数的 60% 为相对贫困标准线		
社会地位	-0.009***	0.052***	-0.009***	-0.007***	0.052***	-0.006***
	(0.001)	(0.004)	(0.001)	(0.001)	(0.004)	(0.001)
劳动力迁移			-0.010***			-0.010***
			(0.003)			(0.003)
户主年龄	-0.014***	-0.019**	-0.014***	-0.009***	-0.019**	-0.009***
	(0.001)	(0.007)	(0.001)	(0.001)	(0.007)	(0.001)
户主年龄平方	0.000***	0.000**	0.000***	0.000***	0.000**	0.000***
	(0.000)	(0.000)	(0.000)	(0.000)	(0.000)	(0.000)
户主受教育年限	-0.021***	0.006*	-0.021***	-0.018***	0.006*	-0.018***
	(0.001)	(0.003)	(0.001)	(0.000)	(0.003)	(0.000)
户主婚姻状况	0.068***	-0.102***	0.067***	0.094***	-0.102***	0.093***
	(0.007)	(0.039)	(0.007)	(0.007)	(0.039)	(0.007)
户主性别	-0.024***	-0.018	-0.024***	-0.033***	-0.018	-0.033***
	(0.004)	(0.025)	(0.004)	(0.004)	(0.025)	(0.004)
生活用水	-0.046***	0.033	-0.046***	-0.039***	0.033	-0.039***
	(0.005)	(0.025)	(0.005)	(0.004)	(0.025)	(0.004)
做饭燃料	-0.213***	0.077***	-0.212***	-0.220***	0.077***	-0.219***
	(0.005)	(0.026)	(0.005)	(0.004)	(0.026)	(0.004)
耕地	0.092***	-0.130***	0.091***	0.165***	-0.130***	0.163***
	(0.008)	(0.048)	(0.008)	(0.009)	(0.048)	(0.009)
金融产品	-0.053**	0.006	-0.053**	-0.200***	0.006	-0.200***
	(0.027)	(0.119)	(0.027)	(0.031)	(0.119)	(0.031)

续表

变量	1	2	3	4	5	6
	以收入中位数的40%为相对贫困标准线			以收入中位数的60%为相对贫困标准线		
住房	0.084***	-0.026	0.084***	0.123***	-0.026	0.123***
	(0.007)	(0.040)	(0.007)	(0.007)	(0.040)	(0.007)
汽车	-0.169***	0.032	-0.169***	-0.227***	0.032	-0.227***
	(0.005)	(0.033)	(0.005)	(0.006)	(0.033)	(0.006)
人口抚养比	0.197***	-0.320***	0.193***	0.179***	-0.320***	0.176***
	(0.012)	(0.063)	(0.012)	(0.011)	(0.063)	(0.011)
家庭教育状况	-0.168***	0.226**	-0.166***	-0.421***	0.226**	-0.418***
	(0.027)	(0.104)	(0.027)	(0.029)	(0.104)	(0.029)
家庭健康状况	0.062***	-0.074	0.061***	0.045***	-0.074	0.045***
	(0.009)	(0.049)	(0.009)	(0.009)	(0.049)	(0.009)
少数民族聚集区	0.183***	-0.101***	0.182***	0.135***	-0.101***	0.134***
	(0.006)	(0.036)	(0.006)	(0.005)	(0.036)	(0.005)
矿区	0.025***	-0.095**	0.024***	0.028***	-0.095**	0.027***
	(0.009)	(0.044)	(0.009)	(0.008)	(0.044)	(0.008)
高污染企业	-0.019***	0.039	-0.019***	-0.012**	0.039	-0.012*
	(0.006)	(0.037)	(0.006)	(0.006)	(0.037)	(0.006)
距本县县城最近距离	0.000**	-0.001***	0.000**	0.000*	-0.001***	0.000
	(0.000)	(0.000)	(0.000)	(0.000)	(0.000)	(0.000)
观测值	4165	4165	4165	4165	4165	4165
R-squared	0.752	0.098	0.753	0.794	0.098	0.794

注：*、**、***分别表示在10%、5%、1%水平上表现显著；括号内为相应的标准差。

7.3　本章小结

本章基于中国家庭追踪调查（CFPS）数据，在第 5 章和第 6 章的基础上分别分析了人力资本和社会资本对农村家庭相对贫困动态性的作用机制。全书首先分析了人力资本对农村家庭相对贫困动态性的作用机制，实证结果表明人力资本与社会资本的交互项，以及人力资本与家庭收入的交互项回归系数均在 1% 置信水平上显著为负。人力资本能够通过增加社会资本和收入缓解农村家庭相对贫困脆弱性。随后，本书分析了社会资本对农村家庭相对贫困动态性的作用机制，分析了劳动力迁移在社会资本对农村家庭相对贫困脆弱性影响过程中的传导机制，表明社会资本通过劳动力迁移影响农村家庭相对贫困脆弱性。实证结果表明，社会资本以及子维度的社会网络、社会地位和社会信任对农村家庭相对贫困脆弱性的影响总效应均在 1% 置信水平上显著为负。社会资本以及社会网络、社会地位和社会信任均在 1% 置信水平上显著促进农村家庭劳动力迁移。劳动力迁移在社会资本以及社会网络、社会地位和社会信任影响相对贫困脆弱性的过程中存在部分中介效应。最后，本章采用改变相对贫困线的方式进行稳健性检验，实证结果表明上述估计结果是稳健的。

第8章 结论与政策建议

8.1 研究结论

2020年底，我国全面建成小康社会，历史性地解决了绝对贫困问题，但这并不意味着扶贫工作就此终结。后扶贫时代，相对贫困成为贫困主体。鉴于农村家庭致贫原因的多样性和复杂性，农村家庭返贫风险依然存在。防止农村家庭未来陷入相对贫困对推进乡村振兴和共同富裕有着重要的理论意义与现实意义。首先，全书对人力资本和社会资本对我国农村家庭相对贫困动态性的影响进行了理论分析。其次，全书利用北京大学中国家庭追踪调查（CFPS）数据，采用生存分析法分析了我国农村家庭相对贫困的动态特征及其区域差异。再次，采用广义三阶段最小二乘法、面板双向固定效应模型、面板分位数模型、工具变量法、普通最小二乘法、倾向得分匹配等多种估计方法实证分析了人力资本和社会资本对我国农村家庭相对贫困动态性的影响，并进行了内生性讨论、异质性分析与稳健性检验。最后，实证分析了人力资本和社会资本对我国农村家庭相对贫困动态性影响的作用机制。

根据实证分析结果，可以得到如下研究结论：

（1）我国不同区域农村家庭相对贫困动态变化趋势具有一致性。大部分贫困家庭在下一观察期脱离相对贫困，只有小部分贫困家庭继续处于相对贫困中；大部分非贫困家庭在下一观察期仍处于非贫困状态，只有少部分非贫困家庭陷入相对贫困中。农村家庭陷入贫困的风险小于脱离贫困的风险。大多数贫困农村家庭在经历短期贫困后能快速地脱离贫困。农村家庭贫困持续时间越长，其脱离贫困的概率越小；农村家庭非贫困持续时间越长，其进入贫困的概率越小。西部地区农村家庭脱离贫困风险率明显低于东部地区和中部地区农村家庭,西部地区农村家庭返贫风险率明显高于东部地区和中部地区农村家庭。东部地区和中部地区农村家庭脱贫风险率和返贫风险率差异不大。

(2)我国不同区域、不同贫困状态下农村家庭相对贫困脆弱性动态变化趋势具有一致性,即农村家庭未来陷入相对贫困的概率呈逐年下降趋势。在同一年份不同地区,不同贫困状态下农村家庭相对贫困脆弱性存在差异。在同一年份,西部地区农村家庭未来陷入相对贫困的概率最高,中部地区次之,东部地区最低。在同一年份,处于相对贫困状态的农村家庭未来陷入相对贫困的概率高于非贫困农村家庭。

(3)人力资本和社会资本均能显著降低农村家庭的相对贫困脆弱性。人力资本各维度,包括劳动力迁移、健康、工作经验和教育,对农村家庭相对贫困脆弱性均存在显著负向影响。劳动力迁移、健康、工作经验和教育对农村家庭相对贫困脆弱性的影响具有差异性。随着相对贫困脆弱性的增加,劳动力迁移对农村家庭相对贫困脆弱性的影响趋于减弱。教育和工作经验对不同脆弱性程度的农村家庭相对贫困脆弱性影响没有太大差异。随着农村家庭相对贫困脆弱性的增加,健康对农村家庭相对贫困脆弱性的影响先增大后减小。社会资本各维度,包括社会网络、社会地位和社会信任,对农村家庭相对贫困脆弱性均存在显著负向影响。

(4)人力资本和社会资本对农村家庭相对贫困脆弱性的影响具有异质性。无论是东部地区、中部地区还是西部地区,人力资本和社会资本对农村家庭相对贫困脆弱性均有显著负向影响。人力资本和社会资本对东部地区农村家庭相对贫困脆弱性影响最大,中部地区次之,西部地区最小。人力资本各维度,包括劳动力迁移、教育、健康和工作经验,都能有效缓解东中西部地区农村家庭相对贫困脆弱性。劳动力迁移对东部地区农村家庭相对贫困脆弱性负向影响最大,健康、教育对中部地区农村家庭相对贫困脆弱性负向影响最大,劳动力工作经验对东中西部地区农村家庭相对贫困脆弱性负向影响基本相同。在社会资本各维度中,社会网络对中部地区农村家庭相对贫困脆弱性影响最大,社会地位对东部地区农村家庭相对贫困脆弱性影响最大，社会信任对东中西部地区农村家庭相对贫困脆弱性负向影响基本相同。

无论是贫困还是非贫困农村家庭，人力资本和社会资本对农村家庭相对贫困脆弱性均有显著负向影响。人力资本和社会资本对非贫困农村家庭相对贫困脆弱性的负向影响均大于贫困农村家庭。人力资本各维度，包括劳动力迁移、健康、教育对非贫困农村家庭相对贫困脆弱性的负向影响超过贫困家庭，工作经验对不同贫困状况下的农村家庭相对贫困脆弱性影响差异不大。在社会资本各维度中，社会网络只对非贫困农村家庭相对贫困脆弱性有着负向影响，社会地位对非贫困农村家庭相对贫困脆弱性影响大于贫困农村家庭，社会信任对贫困和非贫困农村家庭相对贫困脆弱性的影响相同。

（5）人力资本和社会资本对农村家庭相对贫困脆弱性均存在影响机制。第 5 章在实证模型的基础上引入人力资本与社会资本，以及人力资本与家庭收入的交互项，实证结果表明，人力资本能够通过积累社会资本和增加家庭收入缓解农村家庭相对贫困脆弱性。第 6 章在实证模型基础上把社会资本和人力资本中的劳动力迁移与相对贫困脆弱性纳入同一分析框架，并采用 Bootstrap 中介效应模型分析影响机制。实证结果表明，社会资本能通过劳动力迁移对农村家庭相对贫困脆弱性产生负向影响。劳动力迁移在社会资本及其子维度（社会网络、社会信任和社会地位）影响农村家庭相对贫困脆弱性的过程中均存在部分中介效应。

8.2 政策建议

8.2.1 激发农村居民脱贫内生动力

（1）加强对农村居民教育的扶持力度。应该以提升农村居民教育质量为出发点，提升农村居民子女教育水平及其自身素质，阻断贫困的代际传递。通过对农民进行"扶智"与"扶志"，将农民思想上的"被动性"转化为"主动性"，帮助贫困户树立竞争意识，提升贫困户自身能力。

（2）加强对农村居民的工作技能培训。应该以人社部门和扶贫部门牵头，依托线上线下各类培训平台，在农村定期开展职业教育和各种技能培训，增强农村居民主动融入市场的积极性。参加技能培训班不仅有助于农村居民学习新的实用技能，而且能拓展自身新的就业渠道，提升其市场竞争力。同时，还需持续关注低收入群体，加强其自身能力建设。

（3）扶持农村群体组织平台。应大力扶持各种经济联合体等经济组织的发展，拓展帮扶贫困人群的组织平台，让平台内的农民在组织的帮助下更好地融入市场经济。也可以加强基层党组织和村委会的组织能力建设，形成"政府—组织—农户"的传递链，畅通贫困人群的利益表达和维护机制。

（4）加强重点人员的社会化融入。农村劳动力进城后面临脱离原有社会网络、重新融入新环境的挑战。在城市中，农村劳动力社交难度增大，重建社交网络困难，也降低了农村劳动力通过社会资本抵御外界风险的能力。各级组织应帮助农村劳动力在城市拓展社会关系网络，健全进城务工农民的维权组织平台，畅通农民发声渠道，更好地为进城务工农民服务。

8.2.2　构建相对贫困长效治理机制

后扶贫时代，相对贫困成为贫困主体。目前我国处在进一步巩固拓展脱贫攻坚成果，促进脱贫攻坚与乡村全面振兴有效衔接的阶段。为了有效衔接乡村全面振兴，实现共同富裕，我国应转变现有贫困治理理念，完善现有贫困治理机制，探索贫困治理新路径。

（1）制定科学的相对贫困线。可以考虑划定两种贫困标准：新的绝对贫困标准和相对贫困标准。新的绝对贫困线标准高于2011年划定的国家贫困线，这将有助于监测一些深度贫困地区居民的贫困状况，确保居民不返贫，巩固拓展脱贫攻坚成果。新的相对贫困线可以体现居民收入的公平性。在具体设置上，可以让各相关省份根据自身经济发展水平自主划定相对贫困线，并设置合理的浮动区间。目前，已有部分省份进行了实践，效果良好。

（2）完善收入分配制度。造成相对贫困的主要原因是社会财富分配不均衡，导致个体与身边人群进行比较时产生"被剥夺"的主观感受。一般来说，收入分配包括初次分配、再分配、第三次分配三个阶段。市场机制主导收入的初次分配。要通过提高农村劳动力的质量和贡献水平，从而提升农村劳动力在市场上的工资水平。要提高劳动力报酬比重，避免资产报酬比重过大，加剧收入差距。在初次分配基础上，政府要发挥主导作用，通过各种渠道实现各个收入主体之间收入的再分配。政府可以加大对欠发达地区的财政转移支付力度，改善全社会的收入分配结构，推动欠发达地区经济和社会发展，缩小城乡差距。第三次分配是鼓励企业和个人在自愿基础上，以募集、捐赠等慈善公益方式对所属资源和财富进行分配。收入的第三次分配由社会主导，重在发挥企业和非政府组织的作用。实现共同富裕，最艰巨最繁重的任务仍然在农村，通过三阶段的分配，可以把更多的就业岗位和收益留在乡村、留给农民，各方面协调联动缩小城乡收入差距。

（3）优化激励约束机制。政府可以制定有效的治理机制激发贫困人口的主观能动性和创造性。如可以构建一种城乡互促、激励相容的发展机制，使城市和农村在该机制中实现平衡发展。先进生产要素流入贫困地区有助于促进贫困地区的经济发展，扶贫产业建设积极性的增加也有助于发挥生产要素的有效性。

参考文献

[1] 陈基平,沈扬扬. 从关注生存需求到关注平衡发展:后 2020 我国农村向相对贫困标准转变的政策与现实意义 [J]. 南京农业大学学报(社会科学版),2021,21(2):73-84.

[2] 陈晓东,黄晓凤. 我国城镇居民收入分配机会不平等的生成机制分析:教育的传导作用究竟几何? [J]. 教育与经济,2021,37(5):39-48.

[3] 陈晓东. 教育对我国收入不平等的影响:测度与分解[J]. 上海财经大学学报,2021,23(6):97-108.

[4] 陈永伟,侯升万,符大海. 我国农村相对贫困标准估计与贫困动态[J]. 统计研究,2022,39(5):107-118.

[5] 陈宗胜,沈扬扬,周云波. 中国农村贫困状况的绝对与相对变动:兼论相对贫困线的设定[J]. 管理世界, 2013 (1):67-75.

[6] 程名望,Jin Yanhong,盖庆恩,等. 中国农户收入不平等及其决定因素:基于微观农户数据的回归分解[J]. 经济学(季刊),2016,15(3):1253-1274.

[7] 程名望,盖庆恩,Jin Yanhong,等. 人力资本积累与农户收入增长[J]. 经济研究,2016,51(1):168-181.

[8] 程蹊,陈全功. 较高标准贫困线的确定:世界银行和美英澳的实践及启示 [J]. 贵州社会科学,2019(6):141-148.

[9] 程永宏,高庆昆,张翼. 改革以来中国贫困指数的测度与分析[J]. 当代经济研究, 2013 (6): 26-32.

[10] 翟绍果,张星. 从脆弱性治理到韧性治理:中国贫困治理的议题转换、范式转变与政策转型 [J]. 山东社会科学, 2021 (1):74-81.

[11] 丁冬, 王秀华, 郑风田. 社会资本、农户福利与贫困:基于河南省农户调查

数据[J].中国人口·资源与环境,2013,23(7):122-128.

[12] 樊丽明,解垩.公共转移支付减少了贫困脆弱性吗?[J].经济研究,2014,49(8):67-78.

[13] 樊增增,邹薇.从脱贫攻坚走向共同富裕:中国相对贫困的动态识别与贫困变化的量化分解[J].中国工业经济,2021(10):59-77.

[14] 方超,罗英姿.教育能够缩小劳动力的收入差距吗?:兼论中国人力资本梯度升级的问题[J].教育发展研究,2016,36(9):9-17.

[15] 高齐圣,王秋苏.从绝对贫困消除转向相对贫困治理:城镇化的跨层中介调节模型分析[J].数理统计与管理,2023,42(3):495-512.

[16] 高强,孔祥智.论相对贫困的内涵、特点难点及应对之策[J].新疆师范大学学报(哲学社会科学版),2020,41(3):120-128.

[17] 高艳云,马瑜.多维框架下中国家庭贫困的动态识别[J].统计研究,2013,30(12):89-94.

[18] 顾宁,刘洋.产业扶贫降低了贫困农户的脆弱性吗[J].农业技术经济,2021(7):92-102.

[19] 郭劲光.我国扶贫治理的空间视野及其与减灾防治的链接[J].农业经济问题,2013,34(7):11-16.

[20] 郭露,刘梨进.农民合作社、贫困脆弱性与贫困阻断[J].农业技术经济,2023(6):129-144.

[21] 郭云南,姚洋,Jeremy Foltz.宗族网络与村庄收入分配[J].管理世界,2014(1):73-89.

[22] 郭之天,陆汉文.相对贫困的界定:国际经验与启示[J].南京农业大学学报(社会科学版),2020,20(4):100-111.

[23] 何军,沈怡宁,唐文浩.社会资本、风险抵御与农村女户主家庭贫困脆弱性的研究:基于CFPS数据的实证分析[J].南京农业大学学报(社会科学版),2020,20(3):146-157.

[24] 何欣,黄心波,周宇红.农村老龄人口居住模式、收入结构与贫困脆弱性

[J]．中国农村经济，2020（6）：126-144.

[25]　洪兴建，邓倩．中国农村贫困的动态研究[J]．统计研究，2013，30（5）：25-30.

[26]　胡金华．社会网络对农村劳动力外出就业的影响[J]．中共福建省委党校学报，2010（12）：57-62.

[27]　胡联，缪宁，姚绍群，等．中国农村相对贫困变动和分解：2002—2018[J]．数量经济技术经济研究，2021，38（2）：132-146.

[28]　胡联，姚绍群，宋啸天．中国弱相对贫困的评估及对2020年后减贫战略的启示[J]．中国农村经济，2021（1）：72-90.

[29]　胡伦，陆迁，杜为公．社会资本对农民工多维贫困影响分析[J]．社会科学，2018（12）：25-38.

[30]　黄潇，罗俊超．劳动力迁移对教育回报率阶层差异及收入差距的影响：采用"中国劳动力动态调查"数据的实证分析[J]．西部论坛，2019，29（2）：36-45.

[31]　黄潇．健康在多大程度上引致贫困脆弱性：基于CHNS农村数据的经验分析[J]．统计与信息论坛，2013，28（9）：54-62.

[32]　黄征学，高国力，滕飞，等．中国长期减贫，路在何方？：2020年脱贫攻坚完成后的减贫战略前瞻[J]．中国农村经济，2019（9）：2-14.

[33]　姜安印，陈卫强．论相对贫困的成因、属性及治理之策[J]．南京农业大学学报（社会科学版），2021，21（3）：127-139.

[34]　姜安印，杨志良．扶贫政策与农业经济高质量增长[J]．华中农业大学学报（社会科学版），2021（2）：13-22.

[35]　蒋乃华，卞智勇．社会资本对农村劳动力非农就业的影响：来自江苏的实证[J]．管理世界，2007（12）：158-159.

[36]　蒋南平，郑万军．中国农村人口贫困变动研究：基于多维脱贫指数测度[J]．经济理论与经济管理，2019（2）：78-88.

[37]　解垩，李敏．相对贫困、再分配与财政获益：税收和转移支付的作用如何？

[J]. 上海财经大学学报,2020,22(6):3-20.

[38] 李博,张全红,周强,等. 中国收入贫困和多维贫困的静态与动态比较分析 [J]. 数量经济技术经济研究, 2018, 35(8):39-55.

[39] 李骏,吴晓刚. 收入不平等与公平分配:对转型时期中国城镇居民公平观的一项实证分析[J]. 中国社会科学,2012(3):114-128.

[40] 李实,李玉青,李庆海. 从绝对贫困到相对贫困:中国农村贫困的动态演化 [J]. 华南师范大学学报(社会科学版),2020(6):30-42.

[41] 李实,沈扬扬. 中国的减贫经验与展望[J]. 农业经济问题, 2021(5):12-19.

[42] 李实,朱梦冰. 推进收入分配制度改革　促进共同富裕实现[J]. 管理世界,2022,38(1):52-61.

[43] 李石新,高嘉蔚. 中国农村劳动力流动影响贫困的理论与实证研究[J]. 科学·经济·社会,2011,29(4):5-11.

[44] 李祥云,张建顺,陈珊. 公共教育支出降低了居民收入分配不平等吗?:基于省级面板数据的经验研究[J]. 云南财经大学学报,2018,34(8):3-13.

[45] 李晓嘉,蒋承. 农村减贫:应该更关注人力资本还是社会资本?[J]. 经济科学,2018(5):68-80.

[46] 李小云. 2020年后农村减贫需要由"扶贫"向"防贫"转变 [J]. 农村工作通讯, 2019(8):53.

[47] 李莹,于学霆,李帆. 中国相对贫困标准界定与规模测算 [J]. 中国农村经济, 2021(1):31-48.

[48] 李永友,沈坤荣. 财政支出结构、相对贫困与经济增长[J]. 管理世界,2007(11):14-26.

[49] 林闽钢,霍萱. 大国贫困治理的"中国经验":以中国、美国和印度比较为视角 [J]. 社会保障评论,2021,5(1):90-104.

[50] 林万龙,陈蔡春子. 从满足基本生活需求视角看新时期我国农村扶贫标准 [J]. 西北师大学报(社会科学版),2020,57(2):122-129.

[51] 林文,邓明. 贸易开放度是否影响了我国农村贫困脆弱性:基于 CHNS 微观数据的经验分析[J]. 国际贸易问题,2014(6):23-32.

[52] 刘彬彬,陆迁,李晓平. 社会资本与贫困地区农户收入:基于门槛回归模型的检验[J]. 农业技术经济,2014(11):40-51.

[53] 刘魏,张应良. 非农就业与农户收入差距研究:基于"离土"和"离乡"的异质性分析[J]. 华中农业大学学报(社会科学版),2018(3):56-64.

[54] 刘雯. 收入差距、社会资本与农户消费[J]. 中国农村经济,2018(6):84-100.

[55] 刘一伟. 劳动力流动、收入差距与农村居民贫困[J]. 财贸研究,2018,29(5):54-63.

[56] 刘一伟,汪润泉. 收入差距、社会资本与居民贫困[J]. 数量经济技术经济研究,2017,34(9):75-92.

[57] 柳光强,杨芷晴. 基础教育差异对农村地区收入分配的影响:异质性教育收益视角的解释[J]. 教育研究,2019,40(2):69-84.

[58] 龙莹,解浩. 中国贫困指数的测算与动态分解:基于多维贫困视角[J]. 财贸研究,2018,29(11):43-50.

[59] 陆汉文,杨永伟. 从脱贫攻坚到相对贫困治理:变化与创新[J]. 新疆师范大学学报(哲学社会科学版),2020,41(5):86-94.

[60] 陆铭,张爽,佐藤宏. 市场化进程中社会资本还能够充当保险机制吗?:中国农村家庭灾后消费的经验研究[J]. 世界经济文汇,2010(1):16-38.

[61] 罗楚亮. 农村贫困的动态变化[J]. 经济研究,2010,45(5):123-138.

[62] 罗良清,平卫英. 中国贫困动态变化分解:1991—2015 年[J]. 管理世界,2020,36(2):27-40.

[63] 罗明忠,邱海兰. 收入分配视域下相对贫困治理的逻辑思路与路径选择[J]. 求索,2021(2):172-179.

[64] 罗玉辉,侯亚景. 中国农村多维贫困动态子群分解、分布与脱贫质量评价:基于 CFPS 面板数据的研究[J]. 贵州社会科学,2019(1):141-148.

［65］ 罗正文,薛东前. 陕西省农村贫困的动态变化研究［J］. 干旱区资源与环境, 2015,29(6):39-44.

［66］ 马瑜,吕景春. 中国城乡弱相对贫困测算及时空演变:2012—2018［J］. 人口与经济,2022(1):58-73.

［67］ 聂荣, 苏剑峰. 中国农村贫困动态特征及其区域差异［J］. 华南农业大学学报(社会科学版),2020,19(5):27-38.

［68］ 潘海燕, 柳志, 程振源,等. 中国居民贫困指数的分解与比较［J］. 统计与决策,2020,36(12):5-8.

［69］ 彭继权. 非学历教育对农户相对贫困的影响:基于贫困脆弱性的视角［J］. 教育与经济,2021,37(6):10.

［70］ 乔俊峰,郭明悦. 基本公共服务能有效提升脱贫质量吗?:基于多维贫困和多维贫困脆弱性的视角［J］. 财政研究,2021(12):48-62.

［71］ 秦建军, 戎爱萍. 财政支出结构对农村相对贫困的影响分析［J］. 经济问题, 2012(11):95-98.

［72］ 邱玉婷. 社会组织与政府协同治理相对贫困的行动策略:以2020年后巩固拓展脱贫攻坚成果为视角［J］. 广西社会科学, 2021(4):11-16.

［73］ 曲延春. 农村相对贫困治理:测度原则与路径选择［J］. 理论学刊, 2021(4):142-149.

［74］ 沈扬扬,李实. 如何确定相对贫困标准?:兼论"城乡统筹"相对贫困的可行方案［J］. 华南师范大学学报(社会科学版),2020(2):91-101.

［75］ 斯丽娟,郭海霞. 面向共同富裕的中国城乡相对贫困指数的测度及变动分解［J］. 数量经济技术经济研究,2022,39(5):47-63.

［76］ 苏剑峰,聂荣. 社会网络对农村家庭相对贫困脆弱性的影响［J］. 华南农业大学学报(社会科学版),2022,21(2):41-50.

［77］ 孙晗霖,刘新智,张鹏瑶. 贫困地区精准脱贫户生计可持续及其动态风险研究［J］. 中国人口·资源与环境,2019,29(2):145-155.

［78］ 孙豪,曹肖烨. 收入分配制度协调与促进共同富裕路径［J］. 数量经济技术

经济研究,2022,39(4):3-24.

［79］ 孙久文,张倩. 2020 年后我国相对贫困标准:经验实践与理论构建[J]. 新疆师范大学学报(哲学社会科学版),2021,42(4):79-91.

［80］ 万广华,张藕香,伏润民. 1985—2002 年中国农村地区收入不平等:趋势、起因和政策含义[J]. 中国农村经济,2008(3):4-15.

［81］ 涂冰倩,李后建,唐欢. 健康冲击、社会资本与农户经济脆弱性:基于"CHIP2013"数据的实证分析[J]. 南方经济,2018 (12):17-39.

［82］ 汪晨,万广华,吴万宗. 中国减贫战略转型及其面临的挑战 [J]. 中国工业经济,2020(1): 5-23.

［83］ 汪三贵,胡骏. 从生存到发展:新中国七十年反贫困的实践[J]. 农业经济问题,2020(2):4-14.

［84］ 汪三贵,刘明月. 从绝对贫困到相对贫困:理论关系、战略转变与政策重点[J]. 华南师范大学学报(社会科学版),2020(6):18.

［85］ 汪三贵,孙俊娜. 全面建成小康社会后中国的相对贫困标准、测量与瞄准:基于 2018 年中国住户调查数据的分析[J]. 中国农村经济,2021(3):2-23.

［86］ 汪为,吴海涛. 家庭生命周期视角下农村劳动力非农转移的影响因素分析:基于湖北省的调查数据 [J]. 中国农村观察,2017 (6):57-70.

［87］ 王朝明,姚毅. 中国城乡贫困动态演化的实证研究:1990~2005 年 [J]. 数量经济技术经济研究,2010,27(3):3-15.

［88］ 王国敏,侯守杰. 后小康时代中国相对贫困的特征、难点、标准识别及应对之策[J]. 内蒙古社会科学,2021,42(2):106-113.

［89］ 王建英,何冰,毕洁颖. 新农保与农村低收入家庭贫困脆弱性:基于精准扶贫背景和不同贫困标准[J]. 经济理论与经济管理,2022,42(3):85-99.

［90］ 王思斌. 全面小康社会初期的相对贫困及其发展型治理[J]. 北京大学学报(哲学社会科学版),2020,57(5):5-13.

［91］ 王小林,冯贺霞. 2020 年后中国多维相对贫困标准:国际经验与政策取向

[J]. 中国农村经济, 2020 (3):2-21.

[92] 王小林, 张晓颖. 中国消除绝对贫困的经验解释与 2020 年后相对贫困治理取向 [J]. 中国农村经济, 2021(2):2-18.

[93] 王小林. 改革开放 40 年:全球贫困治理视角下的中国实践[J]. 社会科学战线, 2018 (5):17-26.

[94] 王晓兵, 蔡亚庆, 侯玲玲, 等. 我国贫困问题的动态性:基于生存模型的新证据 [J]. 农业现代化研究, 2016,37(4):740-746.

[95] 王璇,王卓. 农地流转、劳动力流动与农户多维相对贫困[J]. 经济问题, 2021(6):65-72.

[96] 王艳真,李秀敏. 中国教育扩展、教育不平等与收入分配差距间的相互影响[J]. 税务与经济,2015(6):29-34.

[97] 王祖祥,范传强,何耀. 我国农村贫困评估研究[J]. 管理世界,2006(3):71-77.

[98] 温忠麟,叶宝娟. 中介效应分析:方法和模型发展[J]. 心理科学进展, 2014, 22(5):731-745.

[99] 吴军,夏建中. 国外社会资本理论:历史脉络与前沿动态[J]. 学术界, 2012(8):67-76.

[100] 奚晓军, 章贵军. 我国农村不同年龄阶段家庭的贫困脆弱性动态比较 [J]. 统计与决策, 2020,36(11):77-81.

[101] 肖攀,刘春晖,李永平. 家庭教育支出是否有利于农户未来减贫?:基于贫困脆弱性的实证分析[J]. 教育与经济,2020,36(5):3-12.

[102] 谢家智,姚领. 社会资本变迁与农户贫困脆弱性:基于"乡土中国"向"城乡中国"转型的视角[J]. 人口与经济,2021(4):1-21.

[103] 邢成举,李小云. 相对贫困与新时代贫困治理机制的构建[J]. 改革,2019(12):16-25.

[104] 熊广勤,张卫东. 教育与收入分配差距:中国农村的经验研究[J]. 统计研究,2010,27(11):40-46.

[105] 徐婷婷,孙蓉. 政策性农业保险能否缓解贫困脆弱性:基于典型村庄调研数据的分析[J]. 农业技术经济,2022(2):126-144.

[106] 徐伟,章元,万广华. 社会网络与贫困脆弱性:基于中国农村数据的实证分析[J]. 学海,2011(4):122-128.

[107] 徐章星,张兵,刘丹. 市场化进程中社会网络对农地流转的影响研究[J]. 南京农业大学学报(社会科学版),2020,20(6):134-147.

[108] 闫啸,李录堂,李晗. 宅基地退出降低了农户的贫困脆弱性吗?:来自安徽金寨的证据[J]. 中国土地科学,2022,36(4):38-48.

[109] 严小燕,祁新华. 贫困动态的测度方法与演化机制[J]. 地理学报,2021,76(10):2425-2438.

[110] 杨俊. 百年来中国共产党贫困治理的历程、经验与启示[J]. 西北农林科技大学学报(社会科学版),2021,21(3):21-27.

[111] 杨力超,Robert Walker. 2020年后的贫困及反贫困:回顾、展望与建议[J]. 贵州社会科学,2020(2):146-152.

[112] 杨龙,汪三贵. 贫困地区农户脆弱性及其影响因素分析[J]. 中国人口·资源与环境,2015,25(10):150-156.

[113] 杨文,孙蚌珠,王学龙. 中国农村家庭脆弱性的测量与分解[J]. 经济研究,2012,47(4):40-51.

[114] 姚嘉. 中国贫困群体的收入流动性及贫困动态变化研究[J]. 江西社会科学,2020,40(4):39-47.

[115] 姚先国,冯履冰,周明海. 中国劳动力迁移决定因素研究综述[J]. 中国人口科学,2021(1):117-125.

[116] 叶兴庆,殷浩栋. 从消除绝对贫困到缓解相对贫困:中国减贫历程与2020年后的减贫战略[J]. 改革,2019(12):5-15.

[117] 尹海员. 个体特征、社会网络关系与投资者情绪[J]. 上海财经大学学报,2020,22(5):109-123.

[118] 尹志超,张栋浩. 金融普惠、家庭贫困及脆弱性[J]. 经济学(季刊),2020,

20(5):153-172.

[119] 于鑫鑫,谢金华,杨钢桥,等. 社会网络、保险认知对农户农业保险参保行为的影响[J]. 中国农业大学学报, 2021,26(12):263-278.

[120] 张栋浩,尹志超. 金融普惠、风险应对与农村家庭贫困脆弱性[J]. 中国农村经济,2018(4):54-73.

[121] 张海洋,韩晓. 数字金融的减贫效应研究:基于贫困脆弱性视角[J]. 金融评论,2021,13(6):57.

[122] 张立冬,李岳云,潘辉. 收入流动性与贫困的动态发展:基于中国农村的经验分析[J]. 农业经济问题, 2009,30(6):73.

[123] 张全红,李博,周强. 中国多维贫困的动态测算、结构分解与精准扶贫[J]. 财经研究,2017,43(4):31.

[124] 张兆曙,王建. 城乡关系、空间差序与农户增收:基于中国综合社会调查的数据分析[J]. 社会学研究,2017,32(4):46.

[125] 章贵军,刘盟,罗良清. 中国城乡居民相对贫困特征及变动原因研究:基于ELES模型的实证分析[J]. 中国软科学,2021(8):63-74.

[126] 章元,万广华,史清华. 暂时性贫困与慢性贫困的度量、分解和决定因素分析[J]. 经济研究, 2013, 48(4):119-129.

[127] 章元,许庆,邬璟璟. 一个农业人口大国的工业化之路:中国降低农村贫困的经验[J]. 经济研究,2012,47(11):76-87.

[128] 赵剑治,陆铭. 关系对农村收入差距的贡献及其地区差异:一项基于回归的分解分析[J]. 经济学(季刊),2010,9(1):363-390.

[129] 赵立娟,康晓虹,史俊宏. 耕地转出对农民家庭贫困脆弱性的影响及其区域差异分析[J]. 自然资源学报,2021,36(12):3099-3113.

[130] 甄小鹏,凌晨. 农村劳动力流动对农村收入及收入差距的影响:基于劳动异质性的视角[J]. 经济学(季刊),2017,16(3):1073-1096.

[131] 郑晓冬,陈典,上官霜月,等. 多维框架下老年人口贫困与不平等的动态变化[J]. 经济与管理,2021,35(6):15-22.

[132] 周力,邵俊杰.非农就业与缓解相对贫困:基于主客观标准的二维视角[J].南京农业大学学报(社会科学版),2020,20(4):121-132.

[133] 周强.我国农村贫困的动态转化、持续时间与状态依赖研究:基于收入贫困与多维贫困的双重视角[J].统计研究,2021,38(10):90-104.

[134] 周晔馨.社会资本是穷人的资本吗?:基于中国农户收入的经验证据[J].管理世界,2012(7):83-95.

[135] 周晔馨,叶静怡.社会资本在减轻农村贫困中的作用:文献述评与研究展望[J].南方经济,2014(7):35-57.

[136] 左停,贺莉,刘文婧.相对贫困治理理论与中国地方实践经验[J].河海大学学报(哲学社会科学版),2019,21(6):1-9.

[137] 左停,苏武峥.乡村振兴背景下中国相对贫困治理的战略指向与政策选择[J].新疆师范大学学报(哲学社会科学版),2020,41(4):88-96.

[138] 左孝凡,苏时鹏.收入差距对我国农村居民贫困脆弱性的影响:以人力资本为中介变量[J].福建农林大学学报(哲学社会科学版),2019,22(6):9-22.

[139] 曾小溪,汪三贵.中国大规模减贫的经验:基于扶贫战略和政策的历史考察[J].西北师大学报(社会科学版),2017,54(6):11-19.

[140] 岳希明,李实,王萍萍,等.透视中国农村贫困[M].北京:经济科学出版社,2007.

[141] 王肖婧.人力资本、社会资本对农户贫困的影响及作用机制研究[D].西安:西北大学,2019.